고전이 답했다
마땅히 가져야 할 부富에 대하여

고전이 답했다
마땅히 가져야 할 부富에 대하여

고명환 지음

Being
Better
Through
the Classics

라곰

"세계는 얼마나 좁으며
네모난 책은 얼마나 넓은가."

_ 이지(이탁오)

| 들어가며 | 세상은 좁고, 책은 넓다 |

코미디언 후배 김숙을 만났다. 자신이 좋아하던 재봉 취미를 사업으로 발전시켜 침구류 사업을 시작하고 싶은데 주변에서 다들 "올해 아무것도 하지 마"라며 말렸다고 한다.

강연장에서 만난 이들 혹은 자영업을 하는 후배들이 경기가 어렵다는 이야기를 많이 한다. 그렇다. 지금은 너무 어렵다.

코로나19로 자영업자들이 직격탄을 맞았을 때, 주변 사람들은 내게 아무것도 하지 말라고 말했었다. 그 얘기를 듣고 '그래, 맞아, 올해는 투자나 확장하지 말고 수비적으로 해야지' 생각했다. 그런데 그다음 날 도서관에 갔는데, 예전에 노트에 적어둔 문장 하나가 눈에 들어왔다.

\ 바람이 불지 않을 때 바람개비를 돌게 하는 방법은 바람개비를 들고 내가 앞으로 달려 나가는 것이다.

우리는 그동안 자신을 과소평가한 결과, 마땅히 가져야 할 부(富)를 가지지 못했다.

초등학교, 중고등학교를 나와 대학교까지 졸업하고 직장에 취업하는 사람들은 스스로 자신을 연봉 1억 원 이하의 사람으로 가둬버린다. 주변의 모든 사람이 연봉 1억 원 이하의 세계에 살고 있다. 문제는 자신이 연봉 1억 원 이하의 세계에서만 살고 있다는 사실 자체를 모른다는 점이다. 자영업을 하는 사람들도 마찬가지다. 자신이 속한 동종업계의 최고 수익률 안에서만 살아간다.

이러한 상황은 나이를 먹을수록 더 심각해진다. 퇴직한 사람들은 '한 달에 200~300만 원만 꼬박꼬박 벌면 좋겠어'라고 생각한다. 한 달에 300만 원이면 연봉 3,600만 원이다. 자기 자신을 연봉 4,000만 원 이하로 가두는 셈이다. 그런데 스스로 그렇게 믿어버리면, 절대 4,000만 원 이상을 벌 수 없다.

\ "세계는 얼마나 좁으며 네모난 책은 얼마나 넓은가." … **이지**(이탁오)

중국 명나라 사상가이자 문학가인 이지는 말했다. 세상은 좁고, 책은 넓다고.

책을 읽으면 세계가 좁게 느껴진다. 책을 읽으면 세상의 원리를 알게 되고, 가보지 않은 장소에서 무슨 일이 일어나는지, 가보지 않은 미래의 시간에 어떤 일이 일어날지 예측할 수 있는 능력이 생긴다. 그래서 책을 읽을수록 세상이 좁게 느껴지는 것이다. 인문학은 인간이 그려온 무늬를 공부하는 학문이다. 인문학을 공부하는 이유는 인간이 '그려나갈' 무늬를 알고자 함이다. 사람들이 트렌드를 알고 싶어하는 이유다. 세상의 트렌드를 내 손바닥 보듯 볼 수 있으면 마땅히 가져야 할 부를 가질 수 있다.

눈을 감고 10미터만 걸어보라. 두려움과 무서움 때문에 발걸음이 떨어지지 않는다. 다시 눈을 뜨고 걸어보라. 10미터는 너무 쉽게 걸을 수 있다. 심지어 뛸 수도 있다. 보이고 안 보이고의 차이다.

책을 읽으면 세상을 볼 수 있는 눈이 생긴다. 세상의 이치가 책 속에 있기 때문이다. 세계를 볼 수 있어야 자신 있게 그 속으로 뛰어들 수 있다. 세상에 대한 두려움이 사라진다.

철학자인 최진석 교수가 어느 학생 기자와 인터뷰한 후에 학생 기자에게 물었다. "학생은 꿈이 무엇인가요?"

학생은 이렇게 답했다. "제 꿈은 기자가 되는 거예요."

그러자 교수는 이러한 대답을 돌려주었다. "어떻게 기자가 되는 게 꿈이 될 수 있습니까? 기자가 되는 건 과정이에요. 꿈이라는 건, 예를 들면 이런 거예요. '세상의 말이 질서가 없어지고 있는데 말을 바로 세우는 게 꿈입니다. 그러기 위해서 기자가 되고 싶어요.' 이렇게 자신의 꿈을 설정할 수 있어야 합니다."

그 말에 따라 다시 한번 내 꿈을 설정해본다. 첫째, 나는 우리나라가 선진국의 대열에 확실하게 올라설 수 있도록 우리 국민에게 용기와 의지를 불어넣어주겠다. 둘째, 세상 모든 사람이 죽음 앞에 갔을 때 후회와 고통이 없도록 만들겠다.

\ "위대해지는 것을 두려워하지 마라." … 셰익스피어

이 모든 과정을 이뤄주는 건 독서밖에 없다. 네모난 세상을 가슴에 품으면 세상을 내 발아래 둘 수 있다. 얼마나 멋진 일인가. 당신은 이미 마음이 커졌다. 지금의 마음을 기억하라. 당신은 원래 큰 사람이다.

2025년 7월

고명환

차례

006 · 들어가며 세상은 좁고, 책은 넓다

1부 돈은 무엇인가

015 · 금은 원래 흙이었다
019 · 개츠비와 이노크, 두 가지 죽음 앞에서
026 · 기회는 반드시 위기 속에서 나온다
030 · 10년 주기론
034 · 돈이 좋아하는 것들
038 · 오늘을 사는 존재
042 · 좋은 돈과 나쁜 돈
046 · 부자가 되는 건 일거리가 달라지는 것
050 · 자발적 피로를 선택하라
055 · 부시맨의 콜라병
061 · 무엇을 기다리는가
066 · 경기가 좋지 않을 때 해야 하는 것
070 · 가장 절망적인 악덕은 무지다
075 · 돈을 부르는 자세가 있다
079 · 낚시로부터 배운 것

2부 　 돈은 어떻게 벌어야 하는가

- 087 · 1달러를 벌어보자
- 093 · 경쟁하지 말고 독점하는 법
- 098 · 아무도 거들떠보지 않는 곳에 돈이 있다
- 103 · 생각과 경험을 팔아야 큰돈을 벌 수 있다
- 107 · 소비자가 아닌 생산자가 되어라
- 111 · 위대한 3분의 법칙
- 116 · 결국, 한 단어를 찾는 힘이다
- 122 · 성공을 설명하는 하나의 단어
- 128 · 이기적인 마음을 이용하라
- 132 · 우연한 기회에 발견하는 것
- 136 · 당연하다는 말의 의미
- 140 · 일을 대하는 태도
- 144 · 끈기의 뜻
- 149 · 한 우물을 팔 것인가, 여러 우물을 팔 것인가
- 154 · 투자의 5계명

3부 · 당신은 부를 가질 수 있는 사람인가

163 · 공부하고, 투자하라, 그리고 기다려라
167 · 당신의 '곰스크'는 어디에 있는가
171 · 변하지 않는 성공의 단 한 가지 법칙
175 · 무한히 애쓸 수 있는 능력
179 · 돈 버는 습관: 어떤, 행위를, 저절로
184 · 일론 머스크에게는 있고, 당신에게는 없는 것
188 · 호리병이 아닌 대접에 담을 것
193 · 미래를 예측하는 법
197 · 근로 소득을 높이는 방법
201 · '이곳'에서 '저곳'으로 넘어가는 원리
205 · 뻔하게 사는 게 정답이다
209 · 상상의 거인을 키워라
213 · "누구나 다 그렇게 될 수는 없잖아요?"
218 · 고통을 이기지 못하면 고통이 그대를 이길 것이다
223 · 비밀의 개수와 부는 비례한다

226 · 나가며 책이 데려다주는 그곳으로 가라
231 · 부록 부자들의 언어
277 · 이 책에서 언급한 고전

1부
돈은 무엇인가

일러두기

- 이 책에 인용한 도서는 저자가 직접 읽은 판본을 기준으로 하였으며, 현재 판매되고 있는 판본의 쪽수와 상이할 수 있습니다.
- 책은 『』로, 단편, 신문, 잡지는 「」로, TV프로그램, 영화는 〈〉로 표기하였습니다.

금은 원래
흙이었다

어느 날 조민수 배우가 통화 중에 한 말이 너무 좋아서 얼른 노트북을 켜고 옮겨 적었다.

"사람들이 스스로 '난 흙수저니까'라며 프레임을 씌우지 않았으면 좋겠어. 금은 반짝반짝 빛나기만 하지, 치장하는 것밖에 용도가 없잖아. 하지만 흙은 생명력이 있어. 흙은 생명을 탄생시키고 키우잖아. 금보다 흙이 훨씬 좋은 거야."

여러분, 그걸 아는가. 금은 원래 흙이었다. 흙 속에서 반짝이는 어떤 물질만 골라놓은 것이 금이다. 금도 은도 모두 흙에서 나온다. 우리는 '가난하게 태어났다'는 걸 '흙수저'라고 표현하는데 실은 잘못된 말인 거다.

> 성공하지 못하는 사람들은 한 가지 확연한 공통점이 있다. 실패한 모든 이유를 알고 있으면서 성공하지 못한 데에 완벽한 변명거리를 가지고 있다는 점이다. (중략) 하지만 변명에 돈을 줄 사람은 없다. … 『생각하라 그리고 부자가 되어라』 346~347쪽

변명을 통해서는 돈을 벌 수 없다. "난 흙수저라서 못 해요"라고 말하면서 돈을 벌 수는 없다. 사실 스스로 '흙수저'라고 말하는 사람들 또한 돈을 잘 벌고 싶은 욕망이 있어서 '수저론'의 표현을 쓰는 것이다. 그렇다면 흙수저를 변명 삼지 말고 성장의 발판으로 삼아야 한다. 그러면 돈이 따라온다.

자신을 흙수저라고 부르는 것은 그만큼 자신이 고생하면서 자랐다는 의미일 것이다. 고생했던 경험은 돈을 주고 살 수 없다. 그 소중한 경험을 창피해하지도 말고 감추려고 하지도 마라. 나 역시 등록금도 못 내고 겨울에 연탄이 없어 추위에 떨었던 어린 시절이 있지만 감추지 않는다. 그 경험들이 있어서 지금의 내가 존재하기 때문이다.

조민수 배우의 말이 정확하다. 금은 나무를 키울 수 없지만, 흙은 얼마든지 나무를 키워낸다. 내가 흙수저임을 인정하고, 성장하겠다는 의지를 품으면 내 안에서 금덩어리가 무럭무럭 자란다.

중요한 건 내 의지다. 성장의 의지 없이 계속 변명거리로 흙수저를 사용한다면 영원히 흙 속에 묻혀서 발굴되지 않는 금덩어리가 되어버리는 것이다. 간단하다. 변명하지 말고 증명하라.

한번 변명하기 시작하면 한도 끝도 없다. 변명도 습관이다. 변명 자체를 하지 않겠다고 선언하라. 심지어 정당한 변명이어도 하지 마라. 그냥 증명하라. 오늘 회사에 지각한 이유가 불가항력적인 일 때문이라도 말하지 말자.

고생을 통해 돈을 모은 사람은 그 돈을 잃지 않는다. 돈을 버는 것이 얼마나 힘든지 알기 때문이다. 수많은 '금수저'들이 물려받은 돈을 지키지 못한다. 고난의 길을 걸어보지 않아서 그렇다. '부자는 3대를 못 간다'라는 속담이 괜히 생긴 게 아니다. 역사적으로, 통계적으로 금수저는 부를 지키지 못한 것이다. 반면 가난과 고난을 겪은 사람은 저절로 돈을 지키는 능력을 습득한다.

흙에서 시작한 사람은 뿌리가 깊다. 금에서 시작한 사람은 뿌리를 뻗을 수 없다. 금은 너무 단단하기 때문이다. 흙에서 시작해서 부를 쌓자. 그래야 부가 튼튼하게 자란다. 마땅히 가져야 할 부는 이런 건강한 모습이어야 한다. 흙은 우리에게 다양한 선물과 축복을 준다. 흙수저라고 기죽지 말자. 금보다 흙이다.

Q. 아직 발굴되지 않은 나의 금은 무엇인가?
A. 흙수저라서 더 잘할 수 있는 일은
(   )다.

개츠비와 이노크,
두 가지 죽음 앞에서

　프랜시스 스콧 피츠제럴드라는 이름은 몰라도 '개츠비'라는 이름을 모르는 사람은 없을 거다. 개츠비는 피츠제럴드가 쓴 '위대한 미국 소설'로 손꼽히는 『위대한 개츠비』의 주인공 이름이다.
　개츠비는 돈에 대한 열망이 가득한 인물이다. 가난이 지긋지긋해 수단을 가리지 않고 돈을 모아 소위 사람들이 말하는 성공에 다다른다. 밑바닥에서부터 거물급으로 성장한 보상 심리 때문인지 매일같이 파티를 열며 모든 사람이 닮고 싶어하는 부자가 된다.
　돈만 벌면 무엇이든 할 수 있다고 믿었던 개츠비였지만, 돈으로 할 수 없는 게 있었다. 바로 사랑이다. 개츠비는 과거에 데이지와 사랑을 이루지 못한 이유가 돈 때문이라 생각한다. 이에 방법을 가리지 않고 돈을 벌었고, 이제는 적극적으로 데이지를 남편과 헤어지게 만든 후 영원히 소유하고자 한다. 개츠비는 데이지가 남편에게 "당신을 결코 사랑하지 않았어요"라고 말하고 자신에게 오기를 원한다.

> "당신을 사랑한 적 없다고, 알아들어?" 개츠비가 외쳤다. "가난 때문에, 나를 기다리다 지쳐 당신과 결혼한 것뿐이라고. 엄청난 실수였지. 하지만 마음으로는 나 말고 아무도 사랑한 적 없어!" … 『위대한 개츠비』 176쪽

개츠비는 데이지의 남편 톰에게까지 찾아가 데이지가 자신을 사랑한다고 말한다. 이후 개츠비는 윌슨이라는 인물에 의해 비참하게 살해당한다.

영국의 시인 앨프레드 테니슨이 쓴 『이노크 아든』은 조그만 포구에 사는 뱃사람의 이야기를 다룬다.

이노크는 자신의 가정을 위해 많은 돈을 벌고자 중국으로 항해를 떠났다가 배가 난파되어 실종된다. 그렇게 십몇 년을 무인도에서 혼자 살다 극적으로 구조된다. 그런데 고향으로 돌아와서 보니 십여 년이 지나는 사이, 이노크의 아내 애니는 어릴 적 소꿉친구이자 이노크가

실종된 후 자신을 돌봐주던 필립과 재혼해 행복한 나날을 보내고 있었다.

이노크는 고민 끝에 아내와 아이들 앞에 나타나지 않는다. 죽음을 맞이하며 "내가 하는 이야기를 잘 들어두었다가, 내가 죽은 후에 애니와 아이들에게 꼭 전해줘요"라고 말한다. 아내와 아이들 앞에 나타나 다시 그들을 소유하려 들 수 있었지만 그렇게 하지 않고 멀리서 그들의 행복을 빌어주며 지켜보기만 한다.

> 알리지 말자. 알리지 말자. 나의 존재를 알리지 말자. 나로 인해 그들의 평화와 행복이 깨져서는 안 된다. … 『이노크 아든』 105쪽

우리는 두 편의 고전에서 '소유'에 대해 사유할 수 있다. 개츠비가 옳았는지 이노크가 옳았는지를 논하자는 게 아니다. 정답을 찾자는 것도 아니다. 책을 통해 내 삶에 도움이 될 만한 생각을 얻자는 거다.

예를 들어보자. 예쁜 새를 소유하는 방법은 뭐가 있을까? 세 가지 정도가 있다.

첫째, 자연에 그대로 두고 예쁜 새가 보고 싶을 때마다 자연을 찾아가서 예쁜 새를 만난다.

둘째, 예쁜 새를 잡아서 새장에 넣어두고 먹을 것도 주고 잘 보살

피며 죽을 때까지 함께 지낸다.

셋째, 예쁜 새를 잡아서 구워 먹는다. 아예 뱃속에 예쁜 새를 소유한다.

나는 과연 몇 번 스타일인가? 꼭 한 가지 답만 내 안에 있지는 않을 것이다. 여러 가지가 섞여 있다.

자, 이제 돈에 대한 소유로 생각을 옮겨보자. 돈을 어떻게 소유할 것인가?

첫째, 돈을 버는 족족 금고에 넣어두고 평생 소장한다. 부자는 언제든 살 수 있지만 사지 않는 사람이다.

둘째, 돈을 벌어 좋은 집도 사고 차도 사고 가족들과 해외여행도 다니면서 행복하게 산다. 피땀 흘려 벌었으니 고생한 만큼 즐기자.

셋째, 돈을 벌어 어릴 때부터 가졌던 꿈을 이루기 위해 회사를 세운다. 내 꿈을 위해 돈을 투자한다.

역시 정답은 없다. 각자의 생각이 있을 뿐이다. 이외에도 다른 방식이 수없이 많다. 단, 자주 생각해야 한다. 돈을 왜 버는지, 돈을 어떻게 쓸 것인지 생각은 계속 바뀐다. 사람은 늘 변하기 때문에 사고방식도 계속해서 변한다. 그래서 자주 생각을 되풀이해야 한다. 돈에 대한 생각이 바뀌면 돈을 버는 방법도 바뀐다.

\ 목사가 몇 번이나 자기 시계를 들여다봐서 그를 한쪽으로 데려가 반 시간만 더 기다려 달라고 부탁했다. 하지만 소용이 없었다. 아무도 오지 않았던 것이다. … 『위대한 개츠비』 230쪽

개츠비의 장례식 장면이다. 개츠비가 돈을 펑펑 쓰며 파티를 열 때는 수백 명의 사람이 매일 개츠비를 찾아왔다. 개츠비가 더는 돈을 쓸 수 없는 죽은 사람이 되자 아무도 그를 찾지 않는다. 심지어 작가는 장례식 날 비가 온다는 서글픈 설정을 해두었다.

작가는 어느 정도 방향은 제시하나, 절대 "개츠비처럼 살지 마"라고 강요하지 않는다. 그저 우리를 생각하게 만들 뿐이다. 그럼에도 불구하고 '내 장례식에 아무도 안 올지언정 난 개츠비처럼 살고 싶다'라고 결론을 내린다고 해도 절대 잘못된 게 아니다. 사유한다는 것 자체가 발전하는 거니까.

\ 날이 밝자 이 작은 항구도시의 모든 사람이 이노크 아든의 귀향과 죽음을 알게 되었고, 깊은 감동을 받았습니다. (중략) 항구도시에서는 이제껏 볼 수 없었던 장엄하고 성대한 장례식을 치른 후 그의 유해를 묻어주었습니다.

(중략)

그대가 지켜온 순결한 사랑의 꽃이

그대의 죽음 위에서 활짝 피어나

그 눈부신 자태를 드러내리니,

부디 안식 속에 고이 잠드소서.

… 『이노크 아든』 120쪽

이노크의 죽음이다. 개츠비와는 반대로 이노크는 죽음 이후 사람들의 찬사를 받는다. 그렇다면 이노크의 죽음이 더 좋은 건가? 아니다. 죽은 후에 찬사가 무슨 의미란 말인가? 지금 행복하게 살고 있는 가족들 앞에 내가 나타나더라도 여전히 잘 살 수 있는 방법은 없었을까? 함께 행복할 수는 없었을까? 작가는 방향을 제시하지만 여전히 여러 가지로 생각할 수 있도록 길을 열어둔다. 생각해야 한다. 책 읽는 사람의 의무다.

두 권의 고전을 읽는 내내 '소유'에 대해 생각했다. 역시 "진리에 이르는 길은 의도를 갖지 않은 사람에게만 열려 있다"라는 칼 구스타프 융의 말이 맞는 것인가? 가지려고 하면 가질 수 없고 가지지 않으려고 하면 영원히 가질 수 있는 것인가?

더욱더 집중해서 생각해본다. "사랑하니까 헤어지자고 하는 거야"라는 말이 무슨 말인지 알 것도 같고, "돈을 가지려고 하지 말고 따라오게 만들어라"라는 말도 알 것 같다. 집중하면 머릿속에 방법이 그려진다. 알 듯 말 듯, 보일 듯 말 듯 생각이 생각을 불러오고 사유가 쌓여서 임계점을 돌파한다. 마땅히 가져야 할 부를 가지기 위해서 마땅히 '소유'에 대해서 생각하는 게 먼저다.

Q. 내가 생각하는 소유란 무엇인가?
A. 소유란 (　　　　　　　　)이며,
　　나는 (　　　　　　　　)을 소유하겠다.

기회는 반드시 위기 속에서 나온다

일본 아오모리 현 이와키마치에서 일어난 일이다. 일본 최대의 사과 생산지인 이와키마치는 사과 농사가 절대적인 곳이다. 그런 이와키마치에 1991년 엄청나게 강력한 태풍이 불어닥쳤다. 하필 수확을 앞둔 가을이라 나무에 매달려 있던 90퍼센트 이상의 사과가 떨어졌다. 상품으로 팔 만한 사과가 거의 없었다. 모두가 좌절에 빠졌다. 최악의 위기였다.

이때 한 농부가 아이디어를 냈다. 떨어지지 않고 매달려 있던 사과에 '절대 떨어지지 않는 사과'라는 아이디어를 더했다. 농부는 나무에서 떨어진 90퍼센트의 사과가 아닌 살아남은 10퍼센트의 사과를 본

것이다. 이 사과에는 일반 사과의 10배 가격을 붙였는데도 불티나게 팔렸다. 특히 수험생들에게 인기가 좋았는데, 태풍에도 나무에 붙어 있던 사과처럼 절대 떨어지고 싶지 않은 수험생들의 마음을 산 것이다.

> 반드시 된다고 말하는 자신과, 절대 안 된다고 말하는 자신. 어느 쪽이 천사의 목소리고, 어느 쪽 목소리가 악마일까. … 『기적의 사과』 129쪽

90퍼센트의 사과가 떨어져 다들 낙담하고 있을 때, 그 위기를 기회로 만드는 것. 부를 만들어낸 사람들의 비결이다. '컵에 물이 아직 절반이나 남았네', '소인에게는 아직 열두 척의 배가 있습니다'도 같은 발상이다. 생각을 전환하여 적극적인 마음으로 세상을 바라볼 때 해답은 보인다.

사실 경기가 좋고 일이 잘될 때는 의지가 절대 자연스레 솟아나지 않는다. 그냥 있어도 잘되기 때문이다. 절박한 상황이 닥쳐야 '문득'이 나타나고, 그것을 기회로 만들 수 있다. 이순신 장군도 배가 열두 척밖에 없는 위기였으니 이길 방법을 떠올릴 수 있었던 것이다.

『총 균 쇠』를 쓴 재레드 다이아몬드는 자신의 또 다른 책 『대변동: 위기, 선택, 변화』에서 '위기'를 이렇게 정의했다.

\ '위기'란 무엇일까? 먼저 어원론적으로 정의하면, 영어에서 '위기'를 뜻하는 crisis는 그리스어의 명사 krisis와 동사 krino에서 파생했다. 이 단어들은 '분리하다', '결정하다', '구분하다', '전환점'을 뜻한다. 따라서 위기는 중대한 고비 혹은 결정적 순간으로 해석할 수 있다. 달리 말하면 그 '순간'의 전후 조건이 '많은' 다른 순간의 전후 조건과 '확연히' 달라지는 전환점이란 뜻이다. … 『대변동』 21쪽

위기는 전환점이라는 얘기다. 위기의 순간을 거쳐 가면 변한다는 것이다. 변화란 두 가지 방향을 향한다. '더 좋게' 아니면 '더 나쁘게'. '지금과 똑같게'라는 방향은 없다. 위기의 순간이 오면 경쟁자들이 변하기 때문에 나만 같은 자리에 머물러 있는 것 자체가 뒤처지는 일이다.

재레드 다이아몬드는 묻는다. '무엇을 선택하고 어떻게 변화할 것인가?' 나는 그 물음에 이렇게 답한다.

\ 술을 마시지 않는 것을 선택하고, 매일 한 시간 더 독서하는 사람으로 변화하겠다. … **명환 생각**

이렇게 선택하고 변화하려는 건, 지금 내가 위기이기 때문이다. 2024년 말, 한강 작가님과 함께 '올해의 작가상'을 받았다. 엄청난 영

광이지만 한편으로 나에게는 위기다. 외적으로는 기대감이, 내적으로는 부담감이 생겼기 때문이다. 그동안에는 글을 쓰는 순간이 자유로웠는데 수상 이후에는 뭔가 무거운 힘이 나를 누르고 있다. 하지만 나는 이럴 때 어떻게 하면 되는지 안다. 책을 더 읽으면 된다. 그뿐이다.

매일 한 시간씩 더 읽기 위해 술을 끊었다. 위기를 기회로 만들려면 희생을 치러야 한다. 지금 이 책을 읽고 있는 여러분도 당장 빈칸을 채워보라.

Q. 무엇을 선택하고 어떻게 변화할 것인가?
A. 나는 (　　　　　　　　)을 선택하고,
(　　　　　　　　)으로 변화하겠다.

10년
주기론

프로이트, 아인슈타인, 피카소, 간디. 모두 천재라 불리는 창조적인 인물들이다. 『열정과 기질』의 저자 하워드 가드너는 심리학, 인지과학, 교육심리학 등을 연구한 세계적 석학인데, 이 책에서 위의 인물들을 분석한다. 대체 뛰어난 창조성은 어떻게 탄생하는가에 대해서 말이다. 거기서 '10년 주기론'이 등장한다.

> 창조적 대가를 연구한 결과 그들의 공통점 중의 하나는 대체로 10년간의 준비를 거쳐 창조성이 성숙하고, 10년간 창조성을 발휘하며, 다음 10년간 그 창조성을 다시 다른 분야로 확산시킨다는 것이다. … 『열정과 기질』 9쪽

창조적 대가들을 연구했더니 공통점이 '10년 주기론'이라는 것이다. 10년을 준비하고, 그다음 10년간 준비한 것을 발휘하고, 그다음 10년은 다른 분야로 확산한다는 말이다. 이 책에서 얘기하는 '10년 주기론'을 내 인생에 대입해보았다.

❶ 준비 기간 (2005~2014년)

10년 동안 준비하고 성숙하는 기간, 내 나이 33~42세다. 나는 2005년 교통사고 후에 본격적인 독서를 시작했고, 동시에 사업에 여러 번 실패했다. 독서를 통해 배우고 실패를 통해 깨달았다. 성장과 실패가 공존하는 시기다. 성장과 실패가 합쳐져 나를 성숙하게 만들었다. 가장 치열하고 복잡하고 엉망진창인 시절이다. 이 시기의 10년 동안에 나는 가장 많이 성장한다. 아! 2014년에 결혼도 했다.

❷ 창조성을 발휘하는 기간 (2015~2024년)

10년간 창조성을 발휘하는 기간, 내 나이 43~52세다. 2014년에 '메밀꽃이 피었습니다'를 창업하여 엄청난 가치의 브랜드로 만들었다. 2017년에 첫 자기계발서 『책 읽고 매출의 신이 되다』를 출간했다. 2017년 8월 3일에 유튜브 첫 계정을 만들었고, 이 글을 쓰는 오늘 (2025년 1월 22일)을 기준으로 구독자가 6만 5,789명이다. 지난달 유튜브 수익은 1,070달러 82센트다. 2022년에 『이 책은 돈 버는 법에 관한 이야기』를, 2023년에 『나는 어떻게 삶의 해답을 찾는가』를 출간하여 처음으로 해외 4개국에 수출했다. 2024년엔 『고전이 답했다 마땅히 살아야 할 삶에 대하여』를 출간하여 한강 작가님과 함께 '올해의 작가상'을 공동 수상했다. 그야말로 10년 동안 창조성을 꽃피운 시기다.

❸ 다른 분야로 확산하는 기간 (2025~2034년)

10년간 다른 분야로 확산하는 기간, 내 나이 53~62세다. 나는 이 기간 동안 긍정 확언을 계속 외친다. 62세 12월이면 약 5,000일을 돌파한다. 매년 책을 한 권씩 출간한다. 아마 10권 중 몇 권은 자기계발서가 아닌 다른 분야의 책일 것이다. 계속 강사로 활동할 것이고, 온라인에서 고명환 아카데미를 운영할 것이다. 이 기간 중에 엉망진창 도서관이 건립되기를 기대한다. 그리고 방송활동을 다시 시작할 것이다. 독서와 자기계발을 목적으로 하는 토크쇼를 진행할 것이다. 이 시기에 가장 중요한 점은 해외에서 활동을 시작하는 것이다. 시간이 흐를수록 해외에서 활동하는 날들이 많아질 것이다.

돌이켜보면 지난 20년 동안, 결과보다 과정이 행복했다. 치열하게 엉망진창이었고 열정이 넘쳤다. 나이 먹을수록 열정이 넘쳐나는 이

기분을 아는가! 중국 무협 영화에서 나이 많은 스승이 내공으로 젊은 제자를 압도하는 그런 힘이다. 천 년 묵은 이무기가 용이 되어 하늘로 승천한다는 전설. 이무기는 천 년 동안 뭔가를 꾸준하게 반복했을 것이다.

10년 동안이나? 그렇게 오랜 시간을? 이 조바심부터 이겨내야 한다. 조바심을 물리쳐야 꾸준히 반복할 수 있다. 조바심을 없애려면 결과에 집착하지 말고 과정을 즐기려고 노력하면 된다. 과정이 즐겁지 않으면 절대 10년간 반복할 수 없다.

자, 이제 10년 주기론으로 각자 30년의 인생을 설계해보자. 자신의 창조성을 준비하고(10년) 발휘하고(10년) 확산해보자(10년)!

Q. 나의 30년 인생을 어떻게 만들 것인가?
A. 나의 첫 번째 10년(준비)은
(   ),
두 번째 10년(발휘)은 (   ),
세 번째 10년(확산)은 (   )
일 것이다.

돈이
좋아하는 것들

 돈이 나를 따르게 만들고 싶다면, 돈을 짝사랑하지 말고 사랑해야 한다. 돈과 사랑이 무슨 관계일까? 돈을 바라보는 태도를 말하려는 것이다.

 짝사랑은 '생각'이고, 사랑은 '생각 + 행동'이다. 짝사랑은 누군가를 혼자 생각만으로 좋아하는 것이다. 상대는 그런 나를 모른다. 말을 걸지도 다가가지도 않았기 때문이다. 사랑으로 이루어질 가능성이 0에 가깝다. 반면 사랑은 행동을 한다. 잘 보이기 위해 편지를 쓰고, 다가가 말을 걸고, 고백한다. 상대가 분명하게 나를 인지한다.

 돈도 똑같다. 대부분의 사람들은 '나도 연봉 1억 원 이상을 벌어보겠어', '나도 건물주가 될 거야' 같은 생각을 늘 품고 있지만 행동으로 옮기지 않는다. 돈을 짝사랑하는 것이다. 아무런 행동도 하지 않고 생각만 하면서 사랑한다고 믿는 것이다. 그러니 돈이 나를 바라보지 않는다.

돈을 사랑해야 한다. 돈에게 잘 보이려 노력해야 한다. 그래야 돈이 나를 사랑한다. 우리는 사랑하기 위해서는 내가 사랑하는 그 사람이 뭘 좋아하는지 파악해야 한다는 사실을 안다. 그렇다면 돈은 무엇을 좋아하는가?

돈이 좋아하는 것은 '관대함'이다. 돈을 벌면 절대 나를 위해서만 소비하지 않겠다는 마음을 가져야 한다. 부자가 돼서 부유한 마음이 생기는 것이 아니라 부유한 마음을 가져야 부자가 되는 원리다.

돈이 좋아하는 것은 '노력'이다. 노력은 곧 행동이다. 사랑하는 사람을 위해서 내 몸을 가꾸듯 돈을 벌 수 있는 내 몸의 능력을 키워야 한다. 사랑하는 사람에게 연애편지를 쓰듯 돈을 벌 수 있는 기획을 글로 써야 한다. 사랑하는 사람의 표정을 읽듯 돈을 벌 수 있는 책을 읽어야 한다.

돈이 좋아하는 것은 '희생'이다. 내가 좋아하는 일만, 남들이 보기에 폼 나는 일만 해서는 안 된다. 남들이 하지 않으려는 일, 하찮다고 여기는 일을 해야 하는 일터에 가서 기꺼이 희생해야 한다. 아니, 하찮은 일은 없다. 하찮은 마음이 있을 뿐이다. 모든 노동은 가치 있다. 일을 하찮게 여기면 돈도 그런 사람을 하찮게 여긴다.

돈이 좋아하는 것은 '감동'이다. 작은 일에 감동해야 크게 감동할 일이 생긴다. 괴테는 이렇게 이야기한다.

\ 인간이 도달할 수 있는 최상의 경지는 경탄이라네. … 『창조적 시선』 307쪽

『신경 끄기의 기술』의 저자이자 미국 베스트셀러 작가인 마크 맨슨이 자신의 유튜브에서 "한국은 세계에서 가장 우울한 나라"라며 이유는 '지나친 경쟁' 때문이라고 말한다. 외국인의 눈에 비친 한국인의 모습은 경쟁에 지쳐 어떤 좋은 상황에서도 감탄하지 않는다. 늘 쫓기는 듯한 표정으로 살고 있는 한국인의 얼굴에서 가장 우울한 나라라는 인상을 받은 것이다.

한국 사람들이 감탄하지 못하는 또 하나의 이유는 체면 때문이다. 감동 표현을 밖으로 터뜨리기에는 눈치가 보인다. 예쁜 꽃을 봐도 "우와 예쁘다!"라고 소리치지 못한다. 설사 소리치다가도 얼른 주변을 살핀다.

감동받는 연습을 하자. 연습하면 감동할 수 있다. 작은 돈에 감동하면 큰돈이 찾아온다. 사랑하는 사람의 마음을 얻으려면 그 사람이 들

을 수 있도록 표현해야 한다. 돈에 고마운 마음을 갖자. 돈이 고마운 것은 내가 소비를 할 수 있어서가 아니라 내가 어떤 일을 할 수 있도록 능력을 주기 때문이다.

돈이 감동받을 만한 행동을 하면 돈은 저절로 나에게로 온다. 돈을 짝사랑하지 말고 사랑하자.

Q. 돈이 좋아하는 것은 무엇인가?
A. 돈이 감동받게 내가 할 수 있는 일은 (　　　　　　　　　　　　　)이다.

오늘을
사는 존재

오늘 하루를 비참하게 보냈다면 내일 부자가 될 가능성은 아예 없다. 내가 지어낸 말이 아니다. 『가르시아 장군에게 보내는 편지』를 집필해 오늘날까지 전 세계 1억 부 이상을 판매한 저자이자 출판인, 그리고 비누 회사의 세일즈맨인 엘버트 허버드의 말이다.

\ 적어도 하루에 한 가지 정도는 자신이 어렵다고 생각하는 일에 도전하라. 만약 그것이 불가능하다면 한 인간으로서의 괄목할 만한 성장을 기대하기는 어렵다. … 『가르시아 장군에게 보내는 편지』 81쪽

인간은 오늘을 사는 존재다. 오늘이 중요하다. 오늘 부자가 되기로 결심하고 부자가 될 생각을 하고 부자가 될 행동을 해야, 내일 부자가 된다. 건강도 마찬가지다. 오늘 술 마시고 담배를 피우고 과식했다면, 내일 건강할 수가 없다.

오늘 웃지 않으면 내일도 웃을 수 없다. 오늘 아무리 힘들고 고통스러워도 웃어라. 억지로라도 웃어라. 웃을 방법을 찾아라. 그렇게 오늘을 보내야 내일 웃으며 살 수 있다.

이 당연한 이치를 역행하는 방법은 로또뿐이다. 그런데 로또 1등에 당첨될 확률은 0.00001퍼센트, 약 814만분의 1이다. 번개 맞을 확률이 약 28만분의 1이니(미국 국립번개안전연구원 기준) 차라리 번개를 맞는 게 빠를 정도다. 결론은 말하지 않아도 알 것이다.

오늘에 집중하자. 일어나지 않은 미래에 대하여 지레짐작으로 불안해하지 마라. 어렵지 않다. 간단하다. 내친김에 공식으로 한번 만들어보자.

【오늘의 법칙】

웃어라 + 부자가 된다고 믿어라 + 책을 펼쳐라

= 마땅히 가져야 할 부를 가질 사람

반대 법칙도 성립한다.

【오늘의 반대 법칙】

찡그려라 + 세상은 불공평하다고 믿어라 + 불만을 쏟아내라

= 절대 부자가 될 수 없는 사람

'오늘의 법칙' 마지막 항목에 집중하라. 가장 중요한 법칙이다. 오늘 하루를 마무리하며 책을 펼쳐라. 단 5분이어도 좋다. 자기 전에 책을 5분만 읽어보라. 그리고 거울에 비친 당신 얼굴을 보라. 독서 후에는 절대 찡그릴 수 없다. 독서 후에는 얼굴에 부정적인 그늘이 생기지 않는다. 결국 '오늘의 법칙'에서 모든 항목을 생략하고 이 두 가지만 남겨도 식은 성립한다.

책을 펼쳐라 = 마땅히 가져야 할 부를 가질 사람

기억해야 할 건 '오늘'의 법칙이라는 것이다. '내일'의 법칙이 아니다. 오늘 책을 펼쳐야 내일 부자가 될 수 있다. 부는 어느 날 로또처럼 '쾅' 하고 오는 게 아니다. 오늘다운 오늘을 계속 쌓아가면 자기도 모르게 부자로 살고 있는 오늘을 살게 된다. 부는 지키기 힘들다고들 하

지만 '오늘의 법칙'만 잘 지킨다면 절대 무너지지 않는다. 불변인 법칙이다.

참고로 '오늘의 법칙'은 2022년에 쓴 『이 책은 돈 버는 법에 관한 이야기』에도 나온다. 이번 책에 쓴 '오늘의 법칙'은 3년간 책을 더 읽고 쌓은 업그레이드 버전이다.

Q. 오늘 나는 무엇을 할 것인가?
A. 오늘 나는
(   )을 하겠다.

좋은 돈과 나쁜 돈

가까운 사이일수록 돈을 거래하지 말라는 말을 한 번쯤 들어봤을 것이다. 빌리지도 말고, 꿔주지도 말라고. 놀랍게도 1600년대에 윌리엄 셰익스피어가 쓴 유명한 희곡 『햄릿』에도 그 말이 등장한다.

> 돈은 빌리지도 말고 꿔주지도 마라.
> 돈을 꿔주면 친구도 잃고 돈도 잃는 법이며
> 돈을 빌리다 보면 절약의 칼날이 무뎌진다.
> 무엇보다 자신에 충실하라.
> ⋯ 『햄릿』 36쪽

『햄릿』의 명대사로 대부분의 사람들이 '죽느냐 사느냐 그것이 문제로다'를 꼽지만, 나는 '돈은 빌리지도 말고 꿔주지도 마라'를 꼽는다. 돈을 빌리면 돈도 잃고, 친구도 잃고, 절약심까지 잃기 때문이다.

돈은 묘한 존재다. 빌린 돈 10만 원과 내가 번 돈 10만 원은 액수는 같지만 전혀 다른 돈이다. 똑같이 10만 원이라는 돈이지만 성격이 완전히 다르다. 태도의 문제이기 때문이다.

빌린 돈은 쉽게 사용되고, 내가 번 돈은 신중하게 사용된다. 내가 종잣돈을 모아 투자하는 것과 대출을 받아서 투자하는 것은 결과가 완전히 다르다. 스스로 피땀 흘려 모은 돈을 가지고 투자할 때 내 눈에 보이는 세계와 대출받은 돈으로 투자할 때 보이는 세계는 완전히 다르다. 대출을 받지 말라는 얘기가 아니다. 마음가짐을 느껴보라는 것이다.

이처럼 돈에는 미묘한 성격이 있다. 좋은 돈, 기쁜 돈, 깨끗한 돈이 있고 나쁜 돈, 슬픈 돈, 더러운 돈이 있다. 우리가 어떤 돈을 벌어야 하는지는 자명하다.

1800년대에 발표한 레프 톨스토이의 단편소설 「사람에게는 얼마만한 땅이 필요한가」는 많은 재산을 얻으려다 끝내 죽음에 이른 파홈의 이야기를 다룬다. 농부 파홈은 처음에는 작은 땅으로도 기뻐하지만 점점 더 많은 땅을 욕심내고, 욕심껏 땅을 가지느라 너무 멀리까지 가 영영 돌아오지 못한다. 이 이야기에서 톨스토이는 말한다.

＼ '아 내가 너무 욕심을 부렸어. 모든 걸 망쳐버렸어.' … 「사람에게는 얼마만한 땅이 필요한가」 『사람은 무엇으로 사는가』 212쪽

TV나 뉴스에 가끔 로또에 당첨된 이들의 근황에 관한 이야기가 나온다. SBS 〈모닝와이드〉에서도 로또 1등 당첨자의 몰락에 대해 방송한 적이 있다. 로또 1등에 당첨된 한 남성이 주식 투자로 당첨금을 다 날리고, 사기를 쳐 돈을 빌리다 경찰에 체포되었다는 내용이었다. 그 남성이 받았던 로또 1등 당첨금은 242억 원이었다.

로또에 당첨된 사람들 대부분이 불행해진 이유는 하나다. '쉬운 돈'을 가졌기 때문이다. 쉽게 번 돈은 쉽게 나간다. 진리다. 당첨금이 쉽게 다 나가고 나면 그다음부터 삶이 힘들어진다. 이전에 자신이 하던 일로 돌아갈 수 없다. 그 일로 버는 돈은 너무 어려운 돈이다. 쉬운 돈의 맛을 봤기 때문에 결국 이 사람은 다시 쉬운 돈을 찾아다닌다. 계속해서 복권을 산다. 또 당첨될 확률은 없다. 그러다 쉬운 돈이 있는 도박장으로 간다. 그렇게 삶은 무너진다.

로또가 무조건 나쁘다는 얘기는 아니다. 같은 방송에서 취재한 또

다른 1등 당첨자는 로또 당첨 사실을 주변에 알리지 않고 당첨된 이후에도 평소와 똑같이 생활했다고 한다. 또 다른 1등 당첨자는 배우자에게만 당첨 사실을 알리고 자녀들에게는 알리지 않았는데, 자식들이 스스로 취직해서 자립하는 모습을 보고 싶어서 그랬다고 말했다. 다니던 직장도 정년을 채울 거라는 말을 덧붙였다.

부를 향해 가는 길은 쉽지 않다. 시간이 오래 걸릴 것이다. 하지만 그렇게 번 돈은 절대 당신을 해치지 않는다. 마땅히 가져야 할 부는 마땅히 거쳐야 할 과정을 거쳐서 가져야 한다.

Q. 나는 어떤 돈을 벌어야 하는가?
A. 내게 좋은 돈은 (   )이고,
나쁜 돈은 (   )이다.

부자가 되는 건
일거리가 달라지는 것

부자가 되면 삶이 편해질까? 아니다. 부자가 되면 오히려 삶이 복잡해지고 삶의 무게가 무거워진다. 이 무게를 기꺼이 짊어지겠다는 각오가 돼 있어야 마땅히 가져야 할 부를 가질 수 있다. 16세기를 대표하는 사상가 미셸 에켐 드 몽테뉴는 이렇게 말했다.

＼ 부유하다는 것은 살기 쉬움이 아니라 일거리가 달라지는 일 … 『몽테뉴 수상록』 71쪽

몽테뉴는 무려 400여 년 전에 살았던 인물이다. 수백 년 전에 쓰인

『몽테뉴 수상록』에 '부'에 관해 명쾌하게 쓰여 있다. 부유하다는 것은 살기 쉽다는 것을 의미하지 않고, 일거리가 달라지는 것을 뜻한다고.

예를 들어 신인 개그맨과 부자가 된 '국민 MC' 유재석의 삶을 비교해보자. 신인 개그맨들은 늘 새벽까지 아이디어 회의를 한다. 다음 주에 녹화할 아이디어가 제작진에게 통과되지 못하면 집에 못 간다. 신인 개그맨의 퇴근 시간은 늘 새벽이다.

그렇다면 유재석은 부자가 된 후에 삶이 쉬워졌을까? 아니다. 오히려 더 어려워졌다. 신인 개그맨은 집에 가면 그래도 좀 쉴 수 있다. 하지만 유재석에게는 24시간이 일이다. 기본적으로 메인 MC는 게스트의 정보를 모두 알아야 한다. 유재석은 모든 방송 채널을 모니터하고, 신문을 구독하고, 책을 읽는다. 끊임없이 공부하지 않으면 메인 MC가 될 수 없다. 그 자리를 유지할 수 없다.

이보다 더 힘든 것은 정신적인 고통이다. 메인 MC로서 프로그램을 끌고 가야 한다는 부담감이 머리를 떠나지 않는다. 연예인들은 잊히는 것에 대한 두려움을 품고 산다. 이런 부담감과 두려움이 24시간 그들을 따라다닌다. 그래서 연예인은 다른 업종에 비해 우울증을 많이 겪는다.

이미 부자가 되었지만 유재석의 일은 쉬워지지도 편해지지도 않았다. 오히려 더 어려워지고 복잡해졌다. 그 압박감을 견디기 때문에 지금의 자리를 지키고 있는 것이다. 언젠가 인터뷰에서 유재석에게 가장 하고 싶은 게 뭐냐고 물었더니 "1초도 방해받지 않고 가족들과 식사를 한 번 하는 게 소원"이라고 했다. 신인 개그맨들은 이런 상황을 바라겠지만, 이런 순간을 매일 매 순간 겪는다면 그건 고통이다. 부자가 되는 것은 그만큼 무거운 책임감과 중압감을 함께 부여받는 것이다.

그 고통을 모두 담을 수 있는 그릇을 미리 준비해야 한다. 그 그릇이 준비돼야 부자가 된다. 부자가 돼서 부유한 마음이 생기는 게 아니라 부유한 마음을 가져야 부자가 된다.

부유한 마음이란 기꺼이 남을 위해서 내가 희생할 수 있다는 마음이다. 유재석은 시청자를 위해서 자신의 사적인 행복을 포기했다. 그 희생의 대가로 부자가 된 것이다. 그렇다면 유재석이 불행한가? 아니다. 유재석은 방송 자체가 자신의 삶임을 알았다. 해외여행을 가는 것보다 방송하는 게 재밌고 보람차다는 사실을 안다. 결국 부자가 되면 자신의 일을 안 하고 편하게 쉬는 게 아니라 자신의 일을 더욱 사랑하게 되는 것이다.

원리는 간단하다. 미리 자신의 일을 미치도록 사랑하면 금방 부자가 된다. 자신이 하고 있는 일이 '일'이 아니라 '삶'이라고 여기면 그때부터 돈이 저절로 따라온다. 일론 머스크를 보라. 일론 머스크는 일에 미친 사람이다. 아니 미칠 수 있는 일을 선택한 사람이다.

당신은 지금 하는 일에 얼마나 미쳐 있는가? 점심시간과 퇴근 시간만 기다려진다면 그 일에서 떠나라. 당신이 미치도록 몰입할 수 있는 일을 찾자. 누구나 한 가지는 반드시 그런 일을 가지고 있다. 바로 그 일을 찾아야 마땅히 가져야 할 부를 얻을 수 있다.

Q. 나는 어떤 일을 할 것인가?
A. 지금 나의 일은 (　　　　　　　　)이고,
앞으로의 일은 (　　　　　　　　)로 바뀐다.

자발적 피로를
선택하라

오랜 친구이자 '미디어랩 시소'를 세워 콘텐츠 사업을 하는 송은이와 이 글을 쓰기 직전에 통화를 했다.

"은이야, 욕지도에 언제 올 거야?"

"명환아, 난 욕지도는 영원히 못 갈 거 같아. 나를 만나려면 내가 일하는 곳으로 와."

"좀 쉬면서 해야지. 힘들지 않아? 너 그러다 죽는다."

"나 요즘 일하면서 느끼는 쾌감이 뭔지 알겠어. 내가 선택한 피로감이잖아. 그래서 기분 좋아."

남이 시키는 일을 해서 생긴 피로가 아닌 내가 스스로 만든 피로. 힘은 드는데 기분이 좋아지는 피로의 정체는 바로 '자발적 피로'다.

송은이는 녹슬어 사라지지 않고 닳아서 사라지는 삶을 선택했다. 송은이에게 욕지도는 녹이 스는 곳이다. 송은이는 일터에서 치열하게 닳고 닳아가는 삶을 선택했다. 그야말로 자발적으로 피로를 선택했고, 그 피로감에서 쾌감을 느낀다.

자발적 피로는 삶의 선순환을 만들어 돈이 따라오게 한 뒤에 느낄 수 있는 피로감이다. 쉽게 설명하기 위해 '돈'이라는 단어를 꺼냈지만, 송은이는 돈 때문에 자발적 피로를 선택한 것이 아니다. 바로 성취감 때문에 그 길을 택했다.

"명환아, 촬영은 대부분 하루에 끝나잖아. 촬영이 끝나고 피로가 몰려올 때 느끼는 하루의 성취감이 있어. 그런 작은 성취감을 계속 쌓다 보면 회사는 저절로 운영되고 있더라고. 또 그런 회사를 보면서 커다란 성취감을 느끼는 거야. 그래서 난 요즘 촬영장에 있는 게 가장 행복해. 그러니까 욕지도는 못 간다."

자발적으로 선택하고 치열하게 몰입해서 일을 끝냈을 때 느끼는 개운한 피로감. 이 피로는 쾌락이다. 반면, 시간에 쫓겨 미루고 미루다

억지로 일을 해서 생기는 피로는 고통이다. 시간이, 돈이, 욕심이 우리에게 시킨 일에서 생긴 피로는 고통이다. 그래서 게으른 사람들은 "나는 하는 일도 없이 왜 이렇게 피곤하나?"라는 말을 달고 산다.

> 자기의 가장 큰 소망은 좋은 책을 쓰는 것이라고 말했다. 그러나 남편은 돈을 벌지 않으면 안 되었다. 이것은 그가 제일 싫어하는 일이었다. 그는 증오하는 돈을 벌기 위해 열심히 일하지 않으면 안 되었다. (중략) 그는 증오하는 돈을 죽어라 하고 벌었으나 남은 것은 빚뿐이었다. (중략) 남편의 눈꺼풀 위로 피로가 덮개를 이루듯 쌓여 있었다. (중략) 금방이라도 까무라칠 것 같다. … 『난장이가 쏘아올린 작은 공』 34쪽

소외된 도시 하층민의 고통을 다룬 조세희 작가의 『난장이가 쏘아올린 작은 공』에 '피로'가 등장한다. 신애는 남편을 보며 말한다. 죽어라 돈을 벌었지만 남는 건 빚뿐이며, 쌓이는 건 피로뿐이라고. 돈을 벌어야 해서 시간에 쫓겨 가며 남이 시키는 일을 하고, 돈을 벌어야 하는 욕심까지 가질 때 느끼는 피로감이야말로 최악의 고통이다.

개운하고 시원한 자발적 피로감을 느껴보자. 어떤 일을 해야 할지 모르겠다면 가장 쉬운 방법이 바로 독서다. 독서를 처음 하면 고통스럽다. 졸리고 엉덩이도 아프고 지루하다. 하지만 스스로 선택한 고통

에서 몰입의 순간을 경험할 때, 책 속에서 해답을 발견할 때 고통은 쾌감으로 변한다. 독서가 고통이 아니라 쾌감으로 변하는 순간, 당신은 자발적 피로감을, 돈의 선순환을, 이 세상을 모두 조종할 수 있는 능력을 얻는다.

이 단계가 되면 세상이 다르게 보인다. 송은이는 욕지도에 와서 바다를 보고, 신선한 공기를 마시고, 캠핑을 하는 것보다 촬영장에서 치열하게 녹화하는 데서 더 큰 행복을 느낀다. 송은이 눈에는 욕지도 바다보다 촬영장이 더 푸르고 푸르다.

내 눈에 욕지도 바다가 푸를 수 있는 이유는, 바로 여기에서 작가로 치열하게 일하기 때문이다. 자발적 피로감을 느끼기 위해 밥도 절대 밖에서 사 먹지 않는다. 아침 점심 저녁 재료를 직접 준비하고 요리한다. 설거지를 하고 빨래도 한다. 일부러 치열하게 피로감을 만드는 것이다. 이럴 때 글도 훨씬 잘 써진다는 점이 늘 신기할 따름이다. 누군가가 해주는 밥을 먹으며 그저 글만 쓰면 되는 조건에서 훨씬 글이 잘 써질 것 같지만, 절대 그렇지 않다.

송은이와 통화를 마치며 우리는 "알지, 알지. 그 마음 알지!"를 서로 외쳤다. 우리는 앞으로도 치열하게 살 것이다. 빡빡하거나 쫓기는 삶이 아니다. 오히려 시간을 초월한 어떤 여유로움마저 느껴지는 삶이다.

돈이란 그저 저절로 따라오는, 자발적 피로감을 느낄 줄 아는 사람에게 주어지는 보상이다.

Q. 내가 선택한 피로는 무엇인가?
A. 내가 선택한 자발적 피로는
(   )을 할 때다.

부시맨의

콜라병

"존재는 본질에 앞선다."

프랑스 실존주의 철학자 장 폴 사르트르가 말했다. 나는 이 문장과 함께 며칠 동안 행복한 시간을 보냈다. 생각하는 시간 말이다. 그런데 존재는 뭔지 조금 알겠는데, 본질은 뭔지 잘 모르겠다. 본질이란 본래 가지고 있는 성질인가? 사전을 찾아봤다.

\ **본질**(本質)

    1. 본디부터 가지고 있는 사물 자체의 성질이나 모습

    2. 사물이나 현상을 성립시키는 근본적인 성질

3. 실존(實存)에 상대되는 말로, 어떤 존재에 관해 '그 무엇'이라고 정의될 수 있는 성질

세 번째 뜻에서 무릎을 탁 쳤다. '어떤 존재에 관해'라는 말은 '나(고명환)에 관해'로, '그 무엇이라고 정의될 수 있는 성질'은 '개그맨이자 작가라고 정의될 수 있는'으로 바꾸자 명쾌해졌다. 존재는 '나'이고 나를 설명할 수 있는 개그맨, 작가, 강사 같은 이름들이 본질이다.

사르트르가 말하는 '존재'는 '나'이고 '본질'은 '이름'이라고 할 수 있다. 내가 있고 난 뒤에 개그맨도 있고 작가도 있다. 내가 없는데 나인 개그맨, 나인 작가는 존재할 수 없다. 이 책을 읽고 있는 독자 여러분의 '존재'를 '너'라고 한다면 여러분의 '본질'은 선생님, CEO, 간호사 등등이다. 나는 존재이고 본질은 이름이다. 그러니 당연히 내(존재)가 이름(본질)에 앞선다.

그렇다면 내 이름은 어떻게 만들어지는가? 김춘수 시인의 시 「꽃」을 떠올려보자. 시의 마지막 연에 '누가 나의 이름을 불러다오'라는 구절이 나온다. 이름은 나의 빛깔과 향기에 맞게 정해진다. 알맞은 직업을 가질 때 생겨난다. 그렇다면 나의 직업은 누가 만드는가?

\ 실존주의자가 상상하는 사람이란 정의될 수 없는 것이다. 그것은 처음에는 그

가 아무것도 아니기 때문이다. 그는 나중에야 비로소 무엇이 되어 스스로가 만들어내는 것이 될 것이다. … 『실존주의는 휴머니즘이다』 17쪽

사르트르의 철학에 따르면 그 '누가'는 바로 '내가' 되어야 한다. 나라는 존재를 규정하는 이름은 내가 만드는 것이지 남들이나 사회, 세상이 만들게 하면 안 된다는 것이다.

왜 내가 스스로 나를 규정해야 하냐면 존재의 '크기' 때문이다. 남들은 절대 내 크기를 모른다. 그래서 남들은 내 이름을 부를 때 작은 이름으로 부른다. 남들이 부르는 그 이름에 적응하다보면 작은 세상에 갇히고 만다.

나 역시 책을 읽기 전에는 남들에 의해 붙은 이름으로 살았다. 삼수를 해서 연극영화학과에 들어갔을 땐 연극에 목숨을 걸어야겠다고 생각했고, 군에서 문선대(문화선전대) 활동을 할 때에는 "명환아, 너 너무 웃겨. 넌 천생 개그맨이야"라는 말을 듣고 개그맨이 되어야겠다고 생각했다. 그렇게 개그맨이 되었지만, 이제 오십 살 넘도록 살아보니 나는 개그맨으로 태어나지 않았다는 사실을 깨달았다.

물론 이런 걸 20대에 알아내기는 힘들다. 죽을 때까지 찾으려 해야 한다. 그래서 인문, 고전, 철학의 마지막 질문은 늘 "나는 누구인가?"다. 찾지는 못해도 이런 게 있다는 사실을 알고는 있어야 한다. 나의 이

름을 찾아가는 과정이 인생이다.

다시 사르트르의 말 "존재는 본질에 앞선다"로 돌아오자. 여전히 이 말이 이해가 가지 않아 이것저것 검색해보다 적절한 설명을 찾아냈다. 바로 영화 〈부시맨〉(1983)에 등장하는 '하늘에서 떨어진 콜라병'이다.

어느 날 부시맨은 병(존재)을 발견한다. 부시맨은 아프리카에서 원시생활을 하는 소수 인종이다. 부시맨은 그 병이 무엇에 쓰는 물건(본질)인지 모른다. 영화에는 부시맨이 그 병이라는 존재의 본질을 찾아가는 과정이 나온다. 악기처럼 병을 후후 불어보기도 하고, 절구통 속에 든 무언가를 병으로 빻아보기도 한다. 병이라는 존재의 여러 가지 가능성을 경험하고 부시맨은 그 병의 본질을, 이름을 붙이는 것이다.

이제 알겠다. 사르트르가 하고 싶은 말은 '존재란 한없이 투명한 가능성'이라는 것 아닐까? 병이 쓰임에 따라 이름이 달라지듯이, 나라는 존재는 어떤 본질로도 변할 수 있다는 말이다. 그리고 나를 변화시키는 주체가 남이 아닌 내가 되어야 한다는 말이다.

나를 낳고 기른 부모도 나의 가능성을 100퍼센트 알지 못한다. 오직 나만이 내 존재의 한계를 알고 있다. 아니 심지어 나도 모른다. 존재는 무한한 가능성을 지니고 있기 때문이다.

나 역시 작가가 될 거라고 꿈에도 생각하지 못했다. 나의 꿈을 남이 찾아주지는 않는다. 나를 모르기 때문이다. 근데 우리는 자꾸 남들이 좋다고 하는, 남들이 안정적이라고 하는, 남들이 만들어놓은 길로 가려 한다. 불안하기 때문이다.

내가 만약 개그맨으로 계속 살았다면 나의 존재는 여전히 남들이 (주로 방송국 연출자들이) 규정해주는 이름으로 살아야 했을 것이다. 하지만 책을 읽고 끊임없이 질문을 던지며 요식업 CEO라는 본질을 스스로 발견했다. 100퍼센트 내가 붙인 이름이다. 그리고 깨달았다. 자기 스스로 이름을 부를 수 있어야 성공할 수 있다는 사실을.

성공의 정의도 마찬가지다. 성공이란 자기 스스로 만족할 수 있는 삶이다. 비록 돈을 못 벌어도 나는 만족한다. 내가 내 존재의 본질을 규정했기 때문이다. 이는 곧 선순환의 삶이고 끌려다니지 않는 삶이다. 요식업 CEO라는 이름을 발견하자 나 자신에게 이름을 붙이는 자신감이 생겼고, 이후 '작가 고명환', '강사 고명환'이라는 이름을 계속 붙여가고 있다. 이렇게 보면 존재는 하나고 본질은 무한대다.

> 갈등, 불안, 고통, 고뇌는 우리가 잘못 설정한 경계들로 인해 만들어진 것들이다. … 『무경계』 18쪽

나라는 존재에 경계는 없음을 믿어야 한다. 끊임없이 '나'를 찾아

야 한다. 남들이 뭐라고 부르든 신경 쓰지 마라. 소나무를 수만 명의 사람이 감나무라고 부른다고 감나무가 되지 않는다. 소나무는 소나무다.
'존재는 본질에 앞선다.'

Q. 나는 어떤 존재인가?
A. 나라는 존재에 붙이고 싶은 이름은
(   )이다.

무엇을 기다리는가

2025년 1월부터 본격적으로 시작한 '고독한 북클럽'(매월 함께 같은 책을 읽고, 유튜브 '고명환tv' 라이브방송을 통해 이야기를 나눈다)의 첫 번째 책은 『고도를 기다리며』였다. 이 고전은 1953년 파리에서 초연된 이래 지금까지도 연극 무대에 자주 올라오는 작품이다. 이 작품은 희곡, 즉 연극의 대본이다. 연극으로 소위 대박이 난 작품인데, 그 이유가 흥미롭다.

이 책을 읽어보았거나 공연을 본 사람들은 알겠지만 이 작품은 결론이 없다. 두 남자 블라디미르와 에스트라공이 작은 나무 옆에서 '고도'라는 이름의 사람을 기다린다. 고도가 누구인지도 모르겠고, 왜 기다리는지도 모르겠지만 주야장천 기다린다.

저자 사뮈엘 베케트는 고도에 관해 아무런 말을 하지 않는다. 독자에게, 관객에게 해석을 맡긴다. 인터뷰도 하지 않았고, 노벨 문학상을 수상했지만 사람들 앞에 서는 것 자체가 고통이라며 시상식에 불참했다. 그래서 관객은 스스로 해석하기 시작했다. 고도가 누구인지, 그들은 고도를 왜 기다리는지.『고도를 기다리며』는 독자와 관객에게 '생각'을 하게 만들어준 작품인 셈이다.

이 책을 읽다가 두 페이지(110~111쪽)에 걸쳐 '생각'이라는 단어에만 동그라미를 쳐봤는데 총 여덟 번 그 단어가 등장했다. 이 작품은 저자부터가 생각을 열어두었기 때문에 독자도 자유롭게 자신의 생각을 하면 된다. 다른 사람들이 쓴 작품 해설은 아예 읽지도 말아라.

\ 오늘 밤엔 그자의 집에서 자게 될지도 모르잖아. 배불리 먹고 습기 없는 따뜻한 짚을 깔고 말이야. 그러니까 기다려볼 만하지. 안 그래? … 『고도를 기다리며』 29쪽

내가 해석하기론 『고도를 기다리며』는 '기다림'에 관한 책이다. 기다림은 그 자체로 좋아야 한다. 기다림 자체가 설렘이어야 한다. '무엇을' 기다리는지보다 '어떻게' 기다리는지가 중요하다. 낙타처럼 기다

릴 것인가, 사자처럼 기다릴 것인가, 어린아이처럼 기다릴 것인가. (낙타 – 사자 – 어린아이는 『차라투스트라는 이렇게 말했다』에 등장하는 말로, 니체는 정신이 낙타에서 사자를 거쳐 최종적으로 어린아이에 다다르는 3단계 변화를 겪어야 한다고 말했다.)

낙타는 수동적으로 기다린다. 그저 아무것도 하지 않고 시간만 흘려보내며 기다린다. 설렘이 없다. 지루하기만 하다.

사자는 기다림의 대상을 직접 찾으러 다닌다. 기대와 설렘이 있다. 행동이 동반된 적극적인 기다림이다. 대부분의 현대인은 사자처럼 목표물을 기다린다. 100억 원 건물주를 기다리고, 출근하지 않아도 돈을 벌어다 주는 생산 수단을 기다리고, 안정적인 노후를 보장해줄 경제적 자유를 기다린다. 사자는 현재보다는 기다리는 '목표물'에 집중한다. 지금 가시덤불 속을 뚫고 지나가는 고통이 있더라도 목표물을 잡을 수 있다면 현재의 고통은 이를 악물고 참으며 기다린다. 과정보다 결과가 중요하다.

어린아이는 지금 이 순간 행복하다. 어릴 적 소풍 가기 전날, 내일 비가 올까 걱정돼 30분에 한 번씩 밖에 나와 밤하늘의 별을 찾아본 적이 있는가? 나와 같은 세대(나는 1972년생이다)라면 모두 경험해봤으리라. 소풍이라는 기대와 설렘에 잠도 안 오고 틈만 나면 일어나 밖으로 나와 밤하늘의 별을 보며 내일은 날씨가 좋을 거라고 확신하던 그 순간이 얼마나 행복했던가. 소풍 당일의 경험보다 전날의 설렘이 훨씬 좋았다. 『어린 왕자』의 여우는 이렇게 말한다.

> "가령 오후 4시에 네가 온다면 나는 3시부터 행복해지기 시작할 거야. 시간이 갈수록 난 더 행복해질 거야. 4시가 되면, 벌써, 나는 안달이 나서 안절부절못하게 될 거야." … 『어린 왕자』 87쪽

3시의 행복이 지금 이 순간의 행복이다. 생각해보자. 인간의 삶은 현재의 연속이다. 지금 이 순간 가장 행복한 시간을 보내야 한다.

코스닥 상장이 목표인 기업가에게 가장 행복한 날은 북을 치며 상장하는 그날이 아니라 상장을 준비하며 기대와 설렘을 품고 일하는 시간이다. 프라하로 여행을 떠나기 위해 일찌감치 거실 한가운데 트렁크 두 개를 펼쳐놓고 짐을 싸던 두 달이 아내가 가장 즐거워했던 시간이다(결혼 10주년 여행 때 내 아내의 이야기다).

『고도를 기다리며』에서 고도는 결국 오지 않는다. 고도가 와버리면 기대와 설렘이 없어진다. 작품은 끝이 난다. 어쩌면 고도는 죽음일 수도 있다. 우리는 죽음이 오기 전까지는 모든 순간을 행복한 기다림 속에서 살 수 있을 것이다. 현재를 충실하게 살 수 있다면 죽음의 순간도 얼마든지 행복하게 맞이할 수 있다.

서정윤 시인의 시집 『홀로서기』에는 이런 문장이 나온다. "기다림은 만남을 목적으로 하지 않아도 좋다."

　　지금 이 순간 나는 행복하다. 어린 시절 밤하늘에서 별을 찾듯이 책 속에서 글감을 찾는 욕지도의 새벽이 아름답다. 이 충만함을 독자 여러분께 전달하고 싶다. 그냥 지금이 좋다.

Q. 나는 무엇을 기다리는가?
A. 내가 기다리는 것은
(　　　　　　　　　　　　　　　)이다.

경기가 좋지 않을 때
해야 하는 것

 2025년 경기가 좋지 않다. 자영업을 하는 후배가 대체 어떻게 해야 하느냐고 묻는다. 내가 생각하는 방법은 이렇다.

 첫째, 앞으로 꽤 오랫동안 경기가 좋지 않을 것이다. 그때까지 지금 정도의 매출로 생활할 수 있느냐? 생활할 수 있다면 견뎌라. 둘째, 생활할 수 없다면 변해야 한다. 일단 기존에 하던 업종 내에서 변신을 시도하라. 셋째, 그게 아니면 아예 다른 업종으로 갈아타라. 넷째, 다른 업종으로 갈아타기 위해 지금부터 당장 공부하라.

 후배는 지금 매출로는 생활이 어렵다고 답했다. 그렇다면 변신해야 한다. 후배가 하는 업종은 피부 관리다. 외모 관리는 경기가 안 좋아지면 가장 먼저 지출을 줄이는 항목 중 하나다. 생활에 필수인 항목이 아니기 때문이다. 경기가 나빠도 존재하는 하이엔드 시장을 공략하기 위해서는 투자를 해야 하는데 돈이 없다.

그렇다고 다른 업종으로 갈아타려고 하니 두렵다. 두려운 이유는 다른 일에 대해 모르기 때문이다. 공부해야 한다. 책을 읽으면 세상이 어떻게 변하고 있는지 알게 된다. 속도보다 방향이다. 이겨놓고 싸워야 한다. 돈이 모이지 않는 곳에서는 아무리 열심히 일해도 성과가 나지 않는다. 이런 상황을 이해하면 두려움이 사라진다.

> 우리는 어떤 방해물도 극복할 수 있다. 그를 위해 발상을 바꿔라. 완전히 새롭게 바꿔라. 지금까지의 생각을 완전히 버리고, 세상 사람들의 생각을 모두 던져버려라. 그리고 완전히 다른 룰을 사용하라. 지금까지의 룰이 아닌 다른 룰로 생각하라. … 『초역 비트겐슈타인의 말』 7번 글

비트겐슈타인이 답했다. "완전히 새롭게 바꿔라." 세상 사람들의 생각을 모두 던져버리고 발상을 바꾸라고 말이다. 물론 이 새로운 발상은 본인 안에서 찾아야 한다. 그 누구도 찾아줄 수 없다. 내가 나를 가장 잘 알기 때문이다.

생각을 찾아줄 수는 없지만 생각을 찾아가는 방법은 있다. 새로운

발상이란 새로운 생각이다. 새로운 생각을 위해선 새로운 행동을 해야 한다. 즉 평소에는 하지 않았던 새로운 행동을 해보면 된다.

예를 들면 이런 거다. 평소에는 관심 없던 분야의 영화도 보고, 전혀 가지 않았던 전시회도 가고, 전혀 듣지 않았던 음악도 들어본다. 사람도 그렇다. 매일 만나던 사람들을 당분간 만나지 마라. 새로운 분야의 사람을 사귀자. 독서 모임도 좋다. 책과 함께하는 사람들과 책 속의 사람들을 만나봐라.

새로운 행동 중에 가장 쉬운 것이 바로 책을 읽는 것이다. 내가 밤무대를 뛰며 두세 시간밖에 못 자던 시절에서 벗어날 수 있게 해주었던 새로운 행동도 독서였다. 책을 읽다보니 새로운 생각이 저절로 떠올랐고, 어느 순간 식당을 오픈해 요식업 CEO가 되어 있었다. 그리고 이제는 글까지 쓰고 있다.

\ 나의 '천재'가 나를 부를 때면 나는 아버지, 어머니, 아내, 형제까지도 모두 멀리한다. … 『자기 신뢰』 21쪽

천재란 에디슨, 다빈치, 아인슈타인 등과 같은 사람만 말하는 게 아니다. 우리 모두 천재다. 천재로 태어났다. 단지 다른 사람들의 의견 때문에 가려졌을 뿐이다. 바다거북의 어미는 모래사장에 알을 낳고 떠난

다. 새끼 거북들은 알을 깨고 모래를 뚫고 나와 정확하게 바다로 간다. 바다가 아닌 다른 방향으로 갈 법도 한데, 정확하게 바다로 간다. 이게 천재다.

우리 안에도 정확하게 '어떻게 살아야 하는지'가 저장돼 있다. 그런데 알을 깨고 나와보니 다른 새끼 거북들이 모두 한 방향으로 몰려서 가고 있는 게 아닌가? 그걸 보고 아무 생각 없이 그 방향으로 휩쓸려 따라가다보면 바다로부터 아주 멀리 가게 된다. 어딘지도 모르는 낯선 곳에서 남들이 사는 방식을 흉내 내며 살게 된다.

이제 나의 바다를 찾아 떠나야 한다. 누구도 방향을 알려줄 수 없다. 오직 내 안에 있는 천재가 하는 말에 귀를 기울여라. 지금 읽는 이 책이 하는 말도 참조만 하라. 결국 결정은 당신이 당신 안의 천재와 상의해서 내려야 한다.

Q. 지금 변화하기 위해 무엇을 할 수 있는가?
A. 지금 내가 할 수 있는 새로운 행동은
(   )을 하는 것이다.

가장 절망적인
악덕은 무지다

1947년, 알베르 카뮈는 『페스트』를 발표했다. 이 고전은 평범한 해안 도시에서 죽어가는 쥐 떼가 발견되며 시작한다. 전염병이 도시를 휩쓸고, 도시가 대혼란에 빠지는 이야기다.

그런데 카뮈는 대체 왜 전염병에 관한 이야기를 썼을까? 소설의 마지막 부분에 힌트가 있다.

\ 이렇듯 기뻐하는 군중이 모르는 사실, 즉 책에서 알 수 있듯이 페스트균은 결코 죽지도 않고 사라져 버리지도 않으며, (중략) 때를 기다리다가, 인간들에게 불행도 주고 교훈도 주려고 저 쥐들을 잠에서 깨워 어느 행복한 도시 안에

다 내몰고 죽게 하는 날이 언젠가 다시 오리라는 사실을 알고 있었기 때문이다. … 『페스트』 396쪽

사람들은 페스트를 물리쳤다고 기뻐하지만 리유 박사는 그게 아니라는 걸 알고 있다. 페스트균은 여전히 존재하고 있다는 사실을. 그래서 리유 박사는 페스트균이 인간에게 '불행과 교훈을 주기 위해' 쥐들을 깨워 행복한 도시로 보낸다고 경고한다.

역사적으로도 그랬다. 인류 역사에 전염병이 처음 보고된 것은 541년경 이집트에서다. 이 병으로 인해 동로마제국 인구의 절반이 목숨을 잃었다. 그렇게 전염병이 끝났다고 생각했지만 아니었다. 흑사병, 즉 페스트가 1300년대 유럽 전역을 강타했다. 페스트는 인류 역사상 가장 커다란 피해를 주었으며 최소 1억 명 이상의 사망자가 발생했다. 이것도 끝이 아니었다. 1800년대 중국과 인도를 시작으로 무려 100년 정도 페스트가 유행했다. 이때 1,500만 명 정도의 사망자가 발생했다.

541년에 1차 대역병이 발생하고, 약 800년 후에 2차 대역병인 페스트가, 다시 약 500년 후에 3차 대역병이 발생했다. 그리고 코로나19는 약 200년 만에 발생했다. 800년 - 500년 - 200년으로 재앙이 일어나는 간격이 점점 줄어들었다.

인간은 행복을 통해 교훈을 얻지 못한다. 꼭 불행을 겪어야 깨달음을 얻는 존재다. 전염병이 찾아오는 주기가 점점 짧아진다는 것은 인간이 점점 잘못 살아가고 있다는 증거다. 그렇다면 우리는 어떻게 잘못 살고 있는 것인가?

> 이 세상의 악이란 거의 대부분 무지에서 비롯되며, 따라서 배움이 없는 선의는 악의와 마찬가지로 피해를 입히는 경우가 있다. … **『페스트』 170쪽**

카뮈가 말하는 가장 큰 잘못은 '모른다'는 것이다. 인간은 자신이 어떻게 살아야 하는지 전혀 모르는 채로 살아가고 있다는 것이다.

카뮈는 '쥐들을 깨워 어느 행복한 도시에 보낸다'는 표현을 썼다. 인간은 오로지 자신의 행복을 위해서 남을 짓밟고 자연을 훼손하면서도 그 사실을 모른 채 오직 내 행복을 지키기 위해 달려왔다. 이대로 가다가는 인류가 멸망할 것 같은 그 순간에 쥐들은 보내진다. 너무도 무지한 인간들에게 불행이라는 자극을 주어 깨닫게 만든다. 결국 인간을 살리기 위해 재앙은 온다. 그러니 우리가 정신 차리고 무지에서 벗어난다면, 남을 위하고 자연을 보호하고 사랑하며 산다면, 페스트를 품은 쥐는 인간의 도시로 오지 않을 것이다.

"인간의 불행은 땅속에 있는 것을 파내기 시작하면서 시작됐다"는 말이 있다. 땅속에 있는 광물질을 캐내 전쟁을 하고, 땅속에 있는 석유를 캐내 환경오염을 일으켰다. 아예 발전하지 말라는 말이 아니다. 어쩔 수 없이 파낸 자연을 이기적으로 사용하지 말라는 말이다. 자연을 훼손해 자기 이익만 챙긴다면 재앙이 찾아오는 게 당연하다.

인간은 자연의 일부분이지 특별한 존재가 아니다. 사람들은 흔히 '자연에 도전하고 역경을 극복한다'라고 표현하는데, 이는 자연의 순리를 거슬러 역행하라는 의미가 아니다. 오히려 자연의 순리에 순응하고 참된 자연의 진리가 무엇인가를 깨닫는 데 도전하라는 뜻이다.

에베레스트산 정상을 밟은 사람은 산을 정복한 걸까? 아니다. 배움을 완성한 것이다. 그 높은 곳까지 오르기 위해 실패하고 배우고, 또 실패하고 배우면서 자연에 순응할 때 정상에 오를 수 있음을 깨닫는 과정이다. 겸손함을 배우는 것이다. 자연을 아는 사람은 겸손하다. 절대 자연을 지배하려 들지 않는다. 애초에 그럴 수도 없다는 사실을 안다. 무지하지 않은 사람이다.

카뮈의 글을 다시 읽어보라. 쥐들을 도시로 보낸다고 쓰여 있다. 도시는 자연을 파괴한다. 하지만 자연은 바로 응징하지 않는다. 인간에게 기회를 준다. 인간이 필요에 의해 자연을 파괴했지만, 다시금 회복할 수 있도록 기회와 시간을 준다.

무지하지 않으면 된다. 이기심을 버리면 된다. 어떻게 살아야 하는지 고전을 통해 듣자. 자연이 미리 알려주는 경고에 귀를 기울이자.

\ "아주 힘든 일도 아닌걸요. 페스트가 발생했으니 막아야 하는 것은 당연한 일이죠! 아! 만사가 이렇게 단순하다면야 얼마나 좋겠어요!" … 『페스트』 174쪽

인간은 스스로 지킬 수 있다. 방법은 단순하다. 자연의 순리대로 사는 것이다. 인간이 아무리 막강한 힘을 가진다 해도 아침에 떠오르는 태양을 단 1초도 붙잡을 수 없다. 순응이란 패배하는 것이 아닌데, 인간은 그 점을 가장 착각하고 있다.

이기는 인간이 아니라 순응하는 인간이 위대하다. 자연은 내가 모른다는 사실을, 내가 한없이 작은 존재라는 사실을 인정하는 인간을 원한다. 그런 인간들에게 자연은 쥐들을 보내지 않는다. 간단하다.

Q. 자연에서 배울 수 있는 진리는 무엇인가?
A. 내가 적용할 수 있는 자연의 진리는
(   )이다.

돈을 부르는 자세가 있다

　이 글은 라마다플라자 광주호텔에서 쓰고 있다. 조금 전에 17층에 가서 조식을 먹었다. 평소에 나는 조식을 먹을 때, 될 수 있으면 샤워하고 머리 세팅까지 완전하게 한 후에 가려고 노력한다. 하지만 오늘은 늦잠을 자는 바람에 모자를 쓰고 가서 먹었다. 이런 날은 뭔가 하루의 시작이 별로다. 조식도 맛없게 느껴진다.

　비즈니스 호텔에 가서 조식을 먹을 때 주변을 둘러보면 거의 모든 사람이 완벽하게 갖춰 입고 있다. 부스스한 머리에 트레이닝복 바람으로 와서 먹는 사람은 거의 없다. 나는 이런 '자세'를 믿는다. 자세는 곧 기세(氣勢)다.

많은 동기부여 강사들이 '아침에 제일 먼저 이불을 개라'라고 강조하는 것도 같은 이치다. 아침을 흐리멍덩하게 시작하면 그날 하루 전체도 흐리멍덩하다. 돈이 따라올 리가 없다. 아침을 활기차게 시작해야 한다. 같은 이유로 나는 집에서 아침을 먹을 때도 플레이팅에 신경쓴다. 아무 그릇에 대충 담아 먹지 않는다. 모든 것이 기세다. 기세 좋게 하루를 출발해야 돈이 따라온다.

> 늙으셨는데도 용감하다 생각하시고, 환자이시면서 힘이 있다 하시고, 지칠 나이이신데도 뒤틀린 것들을 바로잡으시려 하시고(중략). … 『돈키호테 2』 118쪽

돈키호테는 나이 들어 편안한 방 안에서 죽음을 맞이하려 하지 않았다. 늙은 말 로시난테 위에 그 어떤 청년보다 꼿꼿하게 앉아 세상을 응시하는 그의 눈빛이 사나울 지경이다. 죽음에 가까운 나이지만 돈키호테의 가슴속엔 사자의 꿈이 생긴 것이다. 가만히 누워 있었다면 사자는커녕 고양이의 꿈도 꿀 수 없다. 자세가 중요하다. 박차고 일어나 세상 속으로 기꺼이 뛰어들어야 한다.

돈도 기세다. 움츠린 사람에게 돈이 들어올 리 없다. 돈이 많아야 당당해지고 어깨가 펴지는 게 아니다. 어깨를 펴야 돈이 많아지고 당당해진다. 모든 것이 선순환이다.

의자에 앉을 땐 허리를 꼿꼿하게 편다. 밥을 먹을 때도, 책을 읽을 때도 허리를 편다. 구부정한 자세로 밥을 먹거나 책을 읽지 않는다. 모두 기세다. 구부정한 자세에서 에너지가 나올 리가 없다. 돈이 따라오지 않는다.

길을 걸을 때는 땅을 보고 걷지 마라. 정면을 보고 어깨를 펴고 당당하게 걸어라. 가진 게 없을수록 더 자세를 당당하게 하라. 가진 게 없다고 고개를 숙이면 점점 더 작아진다. 핸드폰을 보지 마라. 핸드폰을 보면 당연히 고개가 숙여진다. 핸드폰을 볼수록 돈이 안 벌리는 이유다. 계속 고개를 숙이고 있으니 기회가 찾아와도 볼 수가 없는 것이다.

팔짱을 끼거나 뒷짐을 지지 마라. 주머니에 손을 넣지 마라. 기세다. 아무리 추워도 두 주먹을 불끈 쥐고 공기 중에 팔을 힘차게 흔들며 걸어라.

인간은 당당하고 활기찬 사람에게 매력을 느낀다. 돈도 마찬가지다. 시작부터 주눅 들어 있고 늘 고개를 숙이고 있는 사람에게 돈은 매력을 느끼지 않는다.

웃어라. 작은 일에도 큰 소리로 웃어라. 평소에는 자신감 넘치는 미소를 지어라. 찡그리지 마라. 만나기만 하면 인상부터 쓰고 있는 사람에게는 돈도 옆에 가기 싫어한다. 관심을 끌려 하지 말고 관심을 가져라. 말을 하려 하지 말고 말을 들어라. 돈의 관심을 끌려 하지 말고 돈에 관심을 가져라. 돈에 말하지 말고 돈이 하는 말을 들어라.

자세는 기세다. 기세는 기회다. 돈을 벌 수 있는 기회가 많아야 돈을 많이 벌 수 있다. 모든 시작은 자세에서 출발한다. 이 책을 읽는 동안 허리를 꼿꼿하게 펴고 앉아보자. 책은 큰 세상이다. 큰 세상을 품을 수 있도록 가슴을 당당하게 펴자. 돈은 그런 당신의 품에 안기고 싶어 한다. 당연하다.

Q. 돈을 부르는 나의 자세는 무엇인가?
A. 나는 매일 (   ) 자세로 걷겠다.

낚시로부터

배운 것

　나폴레온 힐은 『생각하라 그리고 부자가 되어라』에서 말했다. "수천 명의 사람들을 분석한 결과 그중 98퍼센트는 '실패'한 사람으로 분류되는 이들이라는 사실을 발견했다."

　무섭다. 나폴레온 힐의 분석대로 98퍼센트의 사람들이 실패자인 세상을 상상해보라. 실패자끼리 모여서 실패할 수 있는 조언을 해주고, 실패할 수 있는 노력을 통해 실패한 삶을 살아간다.

　돈의 세상으로 바꾸어 말해보면, 돈을 못 버는 사람들끼리 돈을 벌 수 없는 조언을 해주고, 돈을 벌 수 없는 노력을 통해 가난한 삶을 살아간다. 98퍼센트라는 수치가 얼마나 신빙성이 있는지 모르겠지만,

상당수가 실패자이고 스스로 그렇게 생각한다는 의미일 것이다.

  인간은 회의적이다. 스스로 성공했다고 여기는 사람이 많지 않다. 지금 이 책을 읽고 있는 당신은 어떤가? 스스로 성공했다고 생각하는가? 우리는 어떤 상태를 성공했다고 보는가? 자본주의를 살아가는 사람들은 대개 '성공 = 돈'이라고 생각한다. 그렇다면 얼마를 가져야 성공이라 할 수 있는가? "나는 돈이 인생의 전부는 아니에요"라고 말한다면 또 무엇이 필요한가?

  낚시하는 사람들을 보면 반드시 낚시 경험자가 초보자를 인도한다. 낚시 초보자들끼리 모여서는 절대 물고기를 잡을 수 없기 때문이다. 초보자들끼리만 있으면 어디서, 어떻게 해야 하는지는 물론이고 바늘 묶을 줄도 모른다. 그래서 낚시 초보자는 항상 경험자를 따라간다.

  문제는 돈의 세상이다. 돈의 세상도 초보자들끼리 모여서는 절대 돈을 벌 수 없다는 사실조차 모른다. 심지어 자신이 초보자라는 사실 자체를 모른다. 마치 낚시 초보자끼리 모여서 서로 조언하고 물고기가 전혀 없는 곳에서 물고기를 잡으려고 기다리는 것과 같다.

\ 매달 통장에 1억 1,900만 원 넘게 입금…이런 직장인 3,271명 … 「조선일보」
  2025년 3월 7일

1년에 10억 원 넘게 벌고 싶은 사람이 다른 사람에게 그 방법을 배우려면 기사에 나온 3,271명 중 누군가를 만나야 한다. 그래야 확률이 높다. 그런데 대한민국 인구 5,168만 4,564명(2025년 기준) 중 3,271명이라면 현실적으로 만나기 힘들다. 하지만 걱정하지 마라. 우리에겐 이보다 훨씬 많은 돈을 벌어본 사람들이 쓴 책이 있다!

내가 사업을 네 번 실패했을 때 모두 사람의 말을 들었었다. 나폴레온 힐에 따르면 우리는 모두 실패자다. 지금 생각해보면 그 당시, 실패자들끼리 모여서 엄청나게 회의를 하고 실패자들끼리 모여서 엄청나게 노력했다. 지나고 보니 속도보다 방향이라는 말이 왜 나왔는지 알겠다.

성공한 사람들을 직접 모셔 오지 않아도 된다. 성공한 사람들이 수천 년 동안 써놓은 책이 있다. 그 책을 읽고, 이겨놓고 싸워야 한다.

나는 이곳 욕지도에서 하루 종일 낚시하지는 않는다. 현지인들이 알려준 시간에, 알려준 장소에 가서, 알려준 물고기를 잡는다. 30분이면 충분히 먹을 만큼 잡는다. 처음 욕지도에 왔을 때는 달랐다. 나도 낚시를 꽤 해봤던 사람이라 혼자 낚시를 했다. 스스로 낚시에서 성공한 사람이라고 믿었는데 아니었다. 나는 민물낚시에서만 성공한 사람이었다. 바다낚시는 완전히 달랐다. 특히 바다의 물때를 모르고 낚시하고 있었다. 바다낚시는 바다의 물때를 알아야 물고기가 물 때를 알 수 있다. 결국 현지인 동생을 사귀고 나서야 제대로 된 바다낚시를 할 수 있었다. 현지인 동생이 바로 바다낚시의 고전이었다.

돈도 마찬가지다. 돈의 세상에서 태어나고 자란 것처럼 훌륭하게 돈을 벌었던 사람들이 써놓은 책이 있다. 그 책을 읽으면 된다. 읽고서 자신의 삶에 적용하면 된다.

현지인 동생은 넓디넓은 바다에서 "오늘은 참돔을 잡을 겁니다"라며 낚싯대를 던지곤 정확하게 참돔을 잡는다. 처음에는 이게 너무 신기했다. '어떻게 이 넓은 바다에서, 수많은 물고기 중에 참돔을 딱 골라서 잡을 수가 있지?'

결국 경험과 공부다. 수많은 경험과 공부를 통해 아무리 넓은 바다라도 어느 때에 어느 위치에 가면 참돔이 있다는 사실을 깨우친 것이다. 돈도 마찬가지다. 돈이 있는 때에, 돈이 있는 곳에 가서, 돈을 벌 수 있는 방법으로 돈을 벌어야 한다.

역사학자 유발 하라리는 '인류 3부작'으로 불리는 『사피엔스』, 『호모 데우스』, 『21세기를 위한 21가지 제언』 등을 통해 인류의 과거와 현재, 미래를 말한다. 유발 하라리는 책을 통해 말한다. 역사를 연구하는 것은 과거가 아닌 변화를 연구하는 것이며, 역사는 우리에게 무엇이, 어떻게 변하는지 가르쳐준다고 말이다.

초보자는 알 수 없다. 우연도 요행도 없다. 그러기에는 돈이라는 바다가 너무 넓다. 정확하게 포인트를 알고 돈을 벌어야 한다. 2퍼센트의 성공한 사람들은 어떻게 돈이 있는 곳을 알았을까? 미국의 자수성가한 사람들의 공통점을 조사한 자료가 있다. 여러 공통점이 있었지만, 모든 자수성가 부자에게 공통으로 적용된 '단 한 가지'의 법칙이 있었다. 바로 독서다. 독서 없이 돈을 벌려고 하는 사람들은 낚싯대도 없이 바다를 그냥 둥둥 떠다니는 사람과 같다. 그러다 불경기라는 파도가 오면 이리 밀리고 저리 밀린다.

고전은 매뉴얼이다. 나침반이다. 사람에게 묻지 말고 고전에 묻자. 우리가 만날 수 있는 100명 중에 두 명만이 성공한 사람이다. 고전은 100권 중에 100권이 모두 성공한 사람의 말로 쓰였다. 고전이라는 낚싯대와 고전이라는 낚싯배를 가져야 한다. 이미 고전을 읽고 있는 당신은 돈이라는 바다의 주인이다. 얼마나 신나는 일인가! 자, 이제 돈이 모여 있는 포인트에 가서 돈을 낚아라.

Q. 지금 내게 필요한 고전은 무엇인가?
A. 지금 내게 필요한 조언을 해줄 책은
(　　　　　　　　　　　　　　　　　)이다.

2부
돈은 어떻게 벌어야 하는가

1달러를 벌어보자

"당신은 외화를 벌려고 해본 적이 있는가?"

난 왜 50년 동안 원화만 벌려고 했을까? 왜 외화를 벌어보려고 단 한 번도 시도하지 않았을까? 아니 내가 외화를 벌 수 있다는 생각 자체를 하지 못했다. 지금 이 책을 읽고 있는 당신은 외화를 벌려고 해본 적이 있는가? 나는 세상에 태어난 지 50년 만에, 책을 읽다가 나도 외화를 벌어봐야겠다고 생각하고 바로 도전했다.

처음 구글에서 메일이 왔을 때가 생생히 기억난다. 유튜브에서 수익이 창출되고 있으니 계좌를 등록하라는 메일이었다. 그냥 나 자신과의 약속을 지키기 위해 시작한 유튜브였는데, 외화를 벌어야겠다고 생각한 후, 더욱 열심히 영상을 올렸더니 외화가 벌리기 시작했다. 나는 지금 유튜브로 달러를 벌고, 해외로 수출되는 책을 통해 러시아의 루블과 대만의 신대만 달러, 베트남의 동, 일본의 엔을 벌어들인다.

철학자 루트비히 비트겐슈타인은 이렇게 말했다.

\ "내 언어의 한계가 내 세계의 한계다." … **루트비히 비트겐슈타인**

이를 돈의 세계에 적용하면 이렇게 바꿔 말할 수 있다.

\ "내가 벌어들이는 돈의 종류가 내 부의 한계다." … **명환 생각**

그동안 자기 수입의 한계를 대한민국에만 두었다면 이제 전 세계를 상대로 돈을 벌어보자. "난 아프리카에서 돈을 벌어보겠어. 난 남미의 돈을 벌어보겠어. 나는 남들이 하지 못하는 북극과 남극에서 돈을 벌어보겠어. 어떻게 하면 될까?" 질문을 던져보자.

일단 가장 쉽게 접근할 수 있는 것이 유튜브다. 물론 수익을 내는 것은 쉽지 않다. 하지만 무조건 가능한 방법이 있다. 단 1달러라도 구글에서 입금해줄 때까지 포기하지 않고 꾸준하게 영상을 올리는 것이다. 이 정도 끈기와 근성은 있어야 마땅히 가져야 할 부를 가질 수 있다.

그렇다면 어떻게 꾸준히 할 수 있을까? 만드는 방법이 간단하고 쉬워야 한다. 나 같은 경우는 어떤 편집도 하지 않고 영상을 올린다. 스튜디오도 없고, 자막도 없고, 마이크도 없다. 오로지 콘텐츠(매일 긍정 확언 외치기와 미니 강연)로 승부한다.

영어를 구사한다면 수익 창출의 가능성은 훨씬 높아진다. 예를 들어 한식 만드는 과정을 영어로 제작한다면, K-팝 열풍과 함께 한국 문화에 관심을 가진 외국인이 시청할 수 있기 때문이다. 한국말로 하면 최대 5,000만 명이 보지만 영어로 하면 82억 명이 볼 수 있다. 시장 자체가 다르다.

"요즘은 AI가 번역해주고 동시통역도 해주고 자막도 달아주는데요?"라고 되묻는 사람들은 그 방법으로 시작하라. 알고만 있지 말고 그냥 시작하라.

아마존이나 이베이에 등록하여 상품을 판매할 수도 있다. 아마존에서 호미가 엄청나게 팔리고 있다는 뉴스를 들어본 적 있을 거다. 경상북도 영주에서 '영주대장간'을 운영하는 석노기 대표는 전통 농기구를 팔던 사람이다. 낫, 호미, 괭이를 만들며 45년간 대장장이로 일했다. 누군가 석 대표의 호미를 아마존에 올렸는데 이게 대박이 났다.

국내에서 6,000원에 팔던 호미가 아마존에서는 17달러(2만 원)에 팔렸다. 2019년에는 아마존 원예 부문 상품 TOP 10에 오를 정도로 인기가 많았다. 영주대장간은 영국과 캐나다에까지 호미를 납품하기 시작했고, 칼로 유명한 독일에 낫을 수출하기 위해 준비하고 있다.

본인이 생산할 수 있는 제품 중에 외국인에게 팔 수 있는 게 무엇인지 생각해보라. 직접 생산하지 못한다고 포기하면 안 된다. 호미의 신화도 판매를 구상한 사람이 석 대표의 제품을 가져다 팔면서 시작됐다. 좋은 제품을 물색해 판매로 연결하는 과정에서 나만의 개성을 상품에 추가할 수도 있고 변형할 수도 있다.

국내에서 생산되는 구멍이 숭숭 뚫린 스테인리스 찜기가 아마존에서는 '캠핑 화로대'로 판매되고 있다. 외국인들 눈에는 구멍이 뚫려 있어 바람이 잘 통하고, 오므렸다 폈다 하면서 크기도 조절되는 찜기가 불 피우기에 딱 좋은 화로로 보이는 것이다. 이렇게 우리나라 물건이 전혀 다른 용도로 사용될 수 있다. 괜찮은 물건은 얼마든지 찾을 수 있고 나의 아이디어로 변형해서 자신만의 유일한 제품으로 만들 수도 있다.

＼ 지능검사의 종류가 많아 한국인 평균이 세계 1위가 아닌 결과도 다소 있지만, 전체를 종합하면 한국인의 지능은 통계상 확고한 1위다. (중략) 대략 70%의 검사에서 한국인이 1위로 산출된다. 아이러니하게도 한국인의 지능이 1위라는

사실을 밝혀낸 집단은 유대 민족의 우월성을 적극적으로 입증하려 한 유대인 과학자들이다. … 『한국인의 탄생』 51쪽

요즘 K-팝과 K-드라마가 해외에서 엄청난 인기를 누리고 있는데, 우연히 인기를 얻은 게 아니다. 빼어난 민족이 만든 제품이니 누구나 열광할 수밖에 없는 거다. 한국 사람이 사용하는 무언가를 외국 사람들은 엄청 써보고 싶어한다. 드라마를 한 편 보더라도 '외화를 벌어보자'라는 목표로 시청하라. 구체적인 목표를 가지면 보는 눈이 달라진다. 예전에는 연기자 위주로 사극을 보았다면, 목표가 생긴 지금은 연기자 주변에 있는 물건에 관심을 갖게 될 것이다.

목표가 바뀌면 바라보는 세상도 달라진다. 화면에 나오는 모든 물건이 외화를 벌 수 있는 후보가 된다. 그중 자신이 관리할 수 있는 분야의 물건을 찾아 자신만의 브랜드로 만들어보자. 한국의 전통문화를 소개하는 다큐멘터리를 보며 외국인이 좋아할 만한 물건을 찾아보자. 그러기 위해서 책 읽기를 선행해야 한다. 무작정 사람들이 좋아하는 물건을 찾기보다 그 나라의 문화를 알고 찾는다면 가능성은 훨씬 높아지기 때문이다.

대한민국 5,000만 인구가 하루에 1달러씩만 벌어들인다면 어떨까? 현재 환율(1465.6원)로 하루에 732억 8,000만 원이니, 1년이면 약

27조 원이다. 우리나라 국방비 예산이 2024년에 59.4조 원이었다. 전 국민이 매일 1달러씩만 벌면 한 해 국방비의 절반을 버는 것이다. 1달러에서 시작해보자.

Q. 1달러를 벌기 위해 무엇을 할 것인가?
A. 나는 1달러를 벌기 위해
(⬚⬚⬚⬚⬚⬚⬚⬚⬚⬚⬚⬚⬚⬚)을 하겠다.

경쟁하지 말고
독점하는 법

세계적인 마케팅 대가 세스 고딘은 『린치핀』에서 이렇게 말했다.

> 이제는 톱니바퀴가 되지 않아도 살 수 있는 방법이 생겼다. 바로 '린치핀'이 되는 길을 따라 한 걸음씩 나아가는 것이다. 이런 과정을 통해 우리는 꼭 필요한 존재, 없어서는 안 되는 존재가 될 수 있다. … 『린치핀』 22쪽

모두가 입을 모아 말한다. '린치핀이 되라', 'AI에 대체되지 않는 사람이 되라', '경쟁하지 말고 독점하라'. 모두 같은 얘기다. 이를 실천하기란 어렵다. 하지만 누구나 할 수 있다.

세스 고딘이 말한 '린치핀'의 사전적 의미는 이렇다. '바퀴가 빠지지 않도록 축을 고정하는 작은 핀.' 아주 작은 핀이지만 커다란 바퀴를 굴리는 핵심적인 존재이자 대체 불가능한 존재라는 뜻이다.

독점의 기술을 가지려면 꾸준한 반복이 필요하다. 자신이 가진 능력 중에 세상을 독점할 수 있는 방법을 찾으려면 최소 10년은 걸린다. 10년은 길다. 하지만 해내기만 하면 영원히 무너지지 않는, 언제나 마음껏 꺼내 쓸 수 있는 은행을 하나 가지는 것과 같다. 도전해볼 만하지 않은가!

SBS 〈생활의 달인〉에 치킨집 튀김기 청소의 달인이 소개됐다. 광주에서 치킨집을 운영하는 스물여덟 살 박민서 사장이었다. 박 사장은 어떻게 하면 맛있는 치킨을 손님들에게 내놓을 수 있을까를 고민하다 기름에 주목했다. 깨끗한 기름에 튀긴 치킨이야말로 맛이 좋을 수밖에 없고, 모든 소비자가 원하는 것 아닌가.

매일 퇴근하며 튀김기를 깨끗하게 닦았다. 그냥 깨끗한 정도가 아니고 튀김기에 눌어붙은 기름을 녹이기 위해 헤어드라이어까지 동원해서 말 그대로 박박 닦았다. 식당을 운영해본 사람이라면 누구나 안다. 기름때를 지우는 게 얼마나 어려운지를. 하지만 박 사장은 매일 튀김기를 청소했고, 날마다 기름통 사진을 찍어 친구들이 모여 있는 단톡방에 올렸다. 그러다 한 친구가 여기에만 올릴 것이 아니라 SNS에

올려보라고 조언했고, 그렇게 SNS에 올리기 시작하자 매출이 세 배가 뛰었다.

꾸준히 반복하면 나만의 스타일이 생긴다. 누구도 흉내 낼 수 없다. 그 스타일은 내 안에서 솟아났기 때문이다. 설령 나를 모방하는 사람이 똑같이 반복한다 해도 그 사람은 내가 될 수 없다. 그 사람이기 때문이다.

린치핀은 이렇게 탄생한다. 독점의 기술을 갖기가 어렵게 느껴지지만 그렇지 않다. '매일 기름통을 닦아 인증하기'에서도 린치핀은 탄생한다.

워런 버핏의 스승이자 가치 투자의 아버지라 불리는 벤저민 그레이엄은 『현명한 투자자』에서 친구의 조언에 의지하는 것은 맹인이 맹인에게 의지하는 것과 같다고 말했다. 그들이 조언을 해주는 것은 엉터리이기 때문에 공짜로 퍼주는 것이라고 말이다.

남들을 따라가지 말고, 나를 찾는 데 집중하자. 많은 사람이 경쟁하는 곳에서 아무리 속도를 내봐야 성과는 미미하고 돈도 벌 수 없다. 만약 앞에서 언급한 치킨집 사장님이 남들처럼 전단지를 돌리고 온라인 광고를 했다면, 어떻게 매출이 세 배나 뛰어오르는 경험을 했겠는가. 오로지 나만의 방향으로 나아갔으니, 그 길 위에는 온통 황금이 널려 있었던 것이다.

나 역시 한때는 남들이 우르르 몰려가는 곳에 따라갔다. 남들이 포차가 잘된다고 하니 포차를 운영하고, 닭가슴살이 유행한다고 하니 닭가슴살 사업을 벌였다. 모두 실패였다. 하지만 고전에서 답을 찾기 시작하고 달라졌다. 2014년 문을 연 메밀 국숫집은 10년째 꾸준히 연매출 10억 원을 만들고 있고, 육수 공장도 설립하며 사업을 확장하고 있다. 책도 쓰고 강의도 시작했다. 그렇게 지금은 누구도 흉내 낼 수 없는 고명환을 만들었다.

어느 자리를 독점하면 돈을 많이 버는 점도 좋지만, 시간을 내 마음대로 쓸 수 있다는 점이 가장 좋다. 그야말로 '가고 싶은 시간에, 가고 싶은 장소에, 가고 싶은 사람과 갈 수 있는 능력'을 가지는 것이다.

성공한 많은 경영자들이 쓴 책을 읽어보면 남들 눈에는 보이지 않는, 길 위에 놓여 있는 커다란 황금이 보인다고 묘사하는 경우가 많다. 사유하는 시선이 높아져 높은 곳에서 세상을 내려다보니 인간이 그려 나갈 무늬가 먼저 보이는 것이다.

자, 이제 당신이 독점할 수 있는 세상을 찾아보자. 당신 눈에만 보이는 눈부신 황금의 길을 찾아라. 세상엔 각자의 길이 있다. 반드시 있다. 아직 보이지 않는다고 걱정하지 마라. 책이 알려주는 길을 꾸준히 따라가라. 의심하지 않고 포기하지 않으면 곧 당신의 눈에도 커다란 황금이 보일 것이다.

Q. 나만이 독점할 수 있는 것은 무엇인가?
A. 나만이 할 수 있는 누군가가 흉내 낼 수 없는 무언가는 (███████████████████)이다.

아무도 거들떠보지 않는 곳에
돈이 있다

126만 구독자(2025년 4월 기준)를 보유한 〈School of Hard Knocks〉 채널 운영자는 미국에서 가장 부유한 사업가를 인터뷰하기 위해 캘리포니아 베벌리힐스를 찾아갔다. 그들에게 1년 동안 얼마나 많은 돈을 벌었는지를 물었고, 성공하고 싶어하는 이들에게 해주고 싶은 조언을 구했다. 그중 닐 파텔(Neil Patel)의 인터뷰를 소개한다.

질문자: 1년에 번 가장 큰 수익은?

닐 파텔: 수입은 연간 아홉 자리. 수입은 연간 400~500만 달러 이상 벌려고 한다. 왜냐하면 재투자를 선호하기 때문이다.

질문자: 만약 0부터 다시 시작한다면 어떻게 할 것인가?

닐 파텔: 지루하고 낡은 업종에서 은퇴하는 사람의 사업을 사들일 거다. 지붕 공사, 배관, 냉난방 등. 거기에 기술을 도입하고 자동화하여 사업을 성장시킬 거다.

열여섯 살에 사업을 시작해 열일곱 살에 백만장자가 된 닐 파텔. 닐 파텔에게 아무것도 없는 상태에서 다시 사업을 시작한다면 어떻게 할 것인가를 물었다. 그러자 오래된 낡은 기술의 기업, 아무도 거들떠 보지 않는 기업을 인수해 최신 기술을 접목하겠다고 답했다.

이 영상은 번역되어 국내에도 소개되었는데, 그 영상에 달린 댓글을 보면 사람들의 반응은 두 가지 부류로 나뉜다. 첫째, 스마트한 생각이다. 둘째, 한국에서는 불가능하다.

난 충분히 배울 점이 있다고 본다. 우리나라에도 적용할 분야가 얼마든지 있다. 일단 '닐 파텔이 언급하는 분야 중에 내가 할 수 있는 곳은 없을까?'라는 질문만이라도 던져보자. 불가능하다고 답한 사람들은 그렇게 생각하는 순간 진짜 불가능해진다. 영상을 본 시간이 아깝지 않은가? 영상에 달린 댓글 하나를 소개한다.

└ **성공 사례:** 내 친구네 어머니가 강릉 시장에서 생선 장사를 하셨음. 친구가

어머니 가게를 물려받아 법인을 설립하고, 다양한 생선을 반건조해서 진공 포장해 인터넷에 판매를 시작함. 인스타에 '생선 활용한 조리법+먹방' 영상을 올려 홍보하고 '40년 넘게 정직한 생선을 파는 곳', '고급 생선'으로 브랜딩을 함. 지금은 동네 생선 가게들이 얘네 가게에 다 납품하고 자동화함. 청년 기업, 지자체 지원금 등 다 받고, 미국, 일본 수출도 하고, 전복장, 새우장 2차 가공품까지 사업 확장해서 잘나감.

이 댓글을 보고 어떤 생각이 드는가. '직접 확인해봤나요?', '지금도 잘되고 있을까요?', '수출액이 얼마나 큰가요?', '나한텐 물려받을 사업장이 없는데요?'라는 생각이 먼저 들었는가? 안 된다.

그런 질문보다는 '나에게 생선 같은 대상이 뭐가 있을까?', '나는 과연 인스타그램으로 홍보할 수 있는가?', '브랜딩과 자동화를 공부하려면 어떤 책을 읽어야 하는가?', '청년 기업, 지자체 지원금을 나도 받을 수 있는가?', '해외에 수출을 하려면 무엇을 준비하면 될까?'라고 질문하는 것이 훨씬 자신에게 유익하다.

지금은 다들 힘들고 더럽고 어렵고 창피하다고 여기는 곳에 돈이 널려 있다. 그 방면에서 일하려는 사람들이 없기 때문이다. 일이 험하고 힘들다는 인식을 가진 시장으로 눈을 돌려보자. 경쟁하지 않고 독점할 수 있는 곳이다. 남들이 가지 않는 곳으로 가야 돈을 벌 수 있다.

\ "블루칼라 노다지 터졌다" … 화이트칼라 연봉 추월, 2030 몰린다 … 「조선일보」 2024년 9월 11일

미국 이야기다. 2024년 9월 기사인데, 대학 교육을 받지 않은 고소득 블루칼라(생산 기능직 노동자) 직종에서 일하는 사람들이 미국 직장인 평균 연봉의 두 배 가까운 연봉을 벌었다고 한다. 블루칼라 직종이 젊은 층 사이에서 인기를 얻기 시작한 배경은 첫 번째가 높은 임금이고, 두 번째가 인공지능(AI)으로 대체할 수 없다는 점이다. 또한 진입 장벽은 낮고 대학 학위를 따기 위해 필요한 학자금 대출까지 피할 수 있다는 점에서 블루칼라 직업의 인기가 높아진다고 한다.

블루칼라 직종의 핵심은 '남들이 하려고 하지 않음'과 '인공지능에 대체되지 않음' 그리고 '대학 교육을 받지 않아도 일정 기간 교육을 통해 빨리 돈을 벌 수 있음'이다.

힘들다는 생각, 남들이 무시한다는 생각은 버리자. 그런 생각 때문에 남들과 치열하게 경쟁하는 곳에 뛰어들어 시간만 보내다 마땅히 가져야 할 부를 가지지 못하면 나이 들어 힘들어지고 무시를 당한다.

그렇다고 무작정 블루칼라로 가라는 말은 아니다. 남들이 가지 않는 곳으로 가라는 것이다. 그곳엔 경쟁이 없기 때문이다. 인간은 경쟁할 때 스트레스가 크다. 경쟁이 심한 곳에서 일하는 사람은 집에 돌아

와 누워도 정신이 쉬지 못한다.

　남들이 가지 않는 길을 개척하자. 블루칼라 분야에서 파란을 일으키자. 하얀 눈사람보다 파란 스머프가 행복하다. 당신도 가고 싶은 시간에 가고 싶은 장소에 얼마든지 갈 수 있다.

Q. 남들이 하지 않는 건 무엇인가?
A. 남들이 가지 않는 (　　　　　　　　)으로 내가 걸어 들어가겠다.

생각과 경험을 팔아야
큰돈을 벌 수 있다

최근에 개그맨 후배가 챗GPT를 활용해 릴스, 틱톡 등에 쓸 수 있는 배경음악을 만들어 엄청나게 큰돈을 벌었다. 이 친구는 음악 전공자가 아니다. 단지 시대의 흐름을 알고 AI를 배웠고, 세계 시장을 공략하기 위해 한국어가 아닌 영어 노래를 만들었다. 세계 모든 사람이 알 만한 'oh my god', 'I love you', 'I'm sorry' 등과 같은 가사를 붙였다. 곡을 만들기 위해 후배가 투자한 돈은 챗GPT-4o 유료 버전 이용료 월 2만 7,000원이 전부다.

현 시대에 가장 영향력 있는 사상가로 꼽히는 제러미 리프킨은 미래를 연구하는 학자다. 『노동의 종말』, 『소유의 종말』, 『3차 산업혁명』

등 인문학과 과학을 넘나들며 인간이 살아갈 미래를 예측한다. 그중 2001년에 출간된 『소유의 종말』에는 정확하게 지금의 세상을 말하는 부분이 나온다.

> 시장에서 네트워크로, 소유에서 접속으로 이동이 일어나고 물적 재산이 찬밥 대우를 받고 지적 재산이 부상하고 인간관계가 점점 상품화되면서, 재산의 교환이 경제의 일차 기능이었던 시대로부터 경험 자체가 완전한 상품으로 떠오르는 새로운 시대로 넘어가고 있다. (중략) 개개인의 삶이 궁극적으로는 하나의 시장이 되어버리는 시대가 도래하고 있다. … 『소유의 종말』 19~20쪽

경험 자체가 상품으로 떠오른 새로운 시대, 개개인의 삶이 하나의 시장이 되어버리는 시대. 바로 지금이다.

이런 시대에는 물건보다 생각과 경험을 파는 게 유리하다. 세상이 콘텐츠 중심으로 바뀌고 있다. 생각에는 원자재 비용이 거의 들어가지 않기 때문이다. 상품이 이동하려면 차, 배, 비행기를 타야 하지만 생각은 인터넷에 접속하면 0.1초 만에 전 세계로 옮길 수 있다. 그래서 AI 시대에는 유형의 자산보다 생각을 팔 수 있는 무형의 자산을 가져야 한다.

유튜브도 무형의 자산이다. 누구나 알고 있고 누구나 할 수 있는

무형의 자산이다. 이보다 쉬운 무형의 자산이 없다. 이 책을 읽는 당신도 무형의 자산을 가질 수 있다. 일단 지금 당장 크게 외쳐보자.

"나는 이미 무형의 자산을 가졌다!"

하루에 100번씩 최소 한 달 이상 외쳐라. 나는 "내 책이 해외로 수출됐다!"를 매일 100번씩 1년 동안 외쳤다. 그리고 실제로 4개국에 수출됐다. "내 책이 종합 베스트 1위가 됐다." 역시 1년 동안 매일 100번씩 외쳤는데, 2024년에 종합 베스트 1위보다 더 좋은 '올해의 작가상'을 받았다.

이제 많은 사람이 나처럼 '긍정 확언'을 외친다. 하지만 외치기만 하는 건 공허한 메아리에 불과하다. 반드시 수단이 함께 따라야 한다. 무엇으로, 언제, 어떻게 100억 건물주가 되겠다고 명확하게 외쳐야 한다. 목표가 명확해져야 열정이 생기고 열정이 생겨야 움직일 수 있다. 예를 들어 내가 100억 원 건물주가 되기 위해 외친다면 이렇게 외칠 것이다.

"자기계발서를 써서 인세를 받고, 긍정 확언 유튜브로 구독료를 얻으며, 그 두 가지로 파생된 강의를 해서 강연료를 받아 100억 원짜리 건물을 가진다. 그 건물에서 세상을 이롭게 하는 가치를 생산한다!"

당신은 얼마나 명쾌한 목표를 가지고 있는가? 그냥 막연하게 "1년에 얼마를 벌겠어"라고 외치고 있는 건 아닌가 점검해봐야 할 일이다. 목표가 희미하면 결과도 애매하다. 목표가 명확하면 결과도 정확하다.

뭘 해야 할지 모르겠다면 일단 남들이 하는 걸 살펴봐라. 남들이 돈을 벌었다는 종목 중에 반드시 내가 좋아하는 분야가 있다. 좋아하는 것을 넘어 스스로 발전시키고 성장시켜서 결국 자기만의 스타일로 만들 수 있는 무형의 자산을 반드시 찾을 수 있다.

Q. 나의 무형의 자산은 무엇인가?
A. 나의 (　　　　　　　　　　)한 경험을 팔아 무형의 자산을 만들겠다.

소비자가 아닌
생산자가 되어라

당신은 왜 돈을 벌고 싶어하는가? 그 돈을 어디에 쓸 것인가?

'쓴다'라고 하면 우리는 자연스럽게 소비를 떠올린다. 해외여행도 가고, 명품 옷도 사 입고, 좋은 집에서 여유롭게 살겠다고 마음먹는다. 결론부터 말하자면 그렇게 목표를 가진다면 그만큼의 돈을 결코 가질 수 없다.

돈은 소비가 아닌 '생산'을 위해서 써야 한다. 소비를 목표로 하면 동력이 약하다. 인간은 나를 위해서 뭔가를 할 때보다 남을 위해서 무엇을 하려 할 때 강력한 동력이 생긴다.

요리만 해도 그렇다. 나는 나를 위해서 요리하는 것보다 남을 위해서 요리할 때가 훨씬 즐겁고 열정이 샘솟는다. 사랑하는 이를 위해 서프라이즈 파티를 준비하는 때를 떠올려보자. 깜짝 놀랄 남을 위해 음식도 준비하고, 케이크도 준비하고, 노래도 준비한다. 그 과정이 너무 신나지 않던가.

이번에는 나를 위한 서프라이즈 파티를 준비한다고 상상해보자. 내가 혼자 음식을 만들고, 노래를 틀고, 촛불을 분다면 그리 재밌지 않을 것이다.

돈은 '남을 위해 쓴다'라는 목표를 가질 때 더 크게 벌린다. 남을 위해 돈을 쓴다는 것은 바로 '생산'한다는 것이다.

나는 지금 욕지도 펜션에서 이 글을 쓰고 있다. 여행의 일부로 이 펜션에 올 수도 있다. 하지만 그저 낚시하고, 좋은 경치를 보고, 맛있는 것을 먹는 식으로 이곳을 소비한다면 나의 하루가 만족스럽지 않다는 걸 스스로 안다. 물론 욕지도에 머무는 동안 낚시도 하고, 경치도 보고, 맛있는 것도 먹긴 하지만, 중요한 건 새벽에 일어나 글을 써야 하루가 완벽해진다는 점이다. 글을 쓰는 행위, 즉 생산이 동반되어야 한다. 생산은 의무적이 아니라 자발적으로 한다.

\ 한국 문명의 목표는 '내가 산다'에서 '함께 산다'로, '함께 산다'에서 '남을 살린다'로 진화했다. … 『한국인의 탄생』 32쪽

'생산'은 나를 위한 것이 아니다. 나만을 위해 뭔가를 하는 것은 '소비'다. 생산하는 것은 결국 남을 위하는 이타심이다. 『한국인의 탄생』 속 문장처럼, 한국인의 마음속에는 뭔가를 생산해 함께 소비하고, 나아가 남들이 잘 소비할 수 있도록 무언가를 생산하고 싶은 욕구가 기본적으로 존재한다.

나 → 함께 → 남 → 결국은 다시 나. 이런 선순환의 구조다. 나를 위해 함께하고 나를 위해 남을 살린다. 지금 내가 남을 위해 이 글을 쓰는 이유 또한 이 순간을 가장 가치 있게 사는 방법이 글을 생산하는 것임을 알아냈기 때문이다. 나는 독서를 통해 선순환의 원리를 깨달았고, 기꺼이 남을 위해 새벽 시간을 소비하면 결국 나를 위한 엄청난 대가가 저절로 생산된다는 사실을 안다. 만약 나 자신을 위해 글을 쓴다면 어릴 때 억지로 숙제하듯 힘들게 글을 써야 하고 지금 이 시간이 지옥처럼 느껴질 것이다.

오로지 나를 위해 쓰는 돈은 수입의 10퍼센트면 충분하다. 나머지 90퍼센트는 남을 위해 재투자하자. 예컨대 나는 이 글을 생산하기 위해 기꺼이 욕지도의 한 펜션에 돈을 쓴다. 자료를 조사하기 위해 수백 권의 책을 사는 데 돈을 아끼지 않는다. 다른 식당의 음식과 서비스를 경험하기 위해 식당에 돈을 쓴다. 죽을 때까지 내게 들어온 돈을 다시 남을 위해 내보낼 것이며, 그렇게 나간 돈은 더 커다란 돈이 되어 돌아오는 과정을 거치리라.

부는 양보다는 질이다. 마지막으로 강조해보겠다. 돈은 혼자 쓰려고 버는 게 아니라 생산하기 위해 버는 것이다! 생산의 개념을 이해하고 삶에 적용할 때 비로소 끌려다니지 않고 주도적으로 살 수 있다.

자본주의는 우리에게 물건을 사고 소비하도록 가르치고 광고한다. 이 브랜드 옷을 입어야 하고, 이 가전제품을 들여야 하고, 이곳에 가야 한다고. 자본주의에 길든 사람들 가슴속에서 남을 위한 마음이 솟아나진 않는다. 절대 나올 수 없다.

세상은 마땅히 움직여야 할 방향으로 움직인다. 역행하지 않는다. 돈의 방향도 마찬가지다. 돈은 남을 위해 돌고 도는 방향으로 움직인다. 이 방향으로 함께 가면 된다.

Q. 남을 위해 할 수 있는 건 무엇인가?
A. 남을 위해 (   )하는 것에 돈을 아낌없이 쓰겠다.

위대한
3분의 법칙

세계적인 물리학자 카를로 로벨리는 『시간은 흐르지 않는다』라는 제목의 책을 썼지만 내 생각에는 '시간은 흐른다'. 시간은 흐르기 때문에, 결국 시간과의 싸움에서 이겨야 살아남을 수 있다. 세상 혹은 사람과의 싸움이 아니다. 시간을 이겨야 한다.

> 인생은 바둑판과 같다. 당신과 싸우는 상대방은 바로 시간이다. 멈칫거리거나 망설인다면 바둑판 위의 당신 돌은 모두 없어질 것이다. 계속 움직이는 사람만이 승리한다. … 『나폴레온 힐 성공의 법칙』 777쪽

성공학의 교과서로 불리는 고전 『나폴레온 힐 성공의 법칙』에도 시간에 대한 이야기가 나온다. 성공철학의 거장 나폴레온 힐 역시 시간과의 싸움에서 이겨야 하며, 계속 움직이는 사람만이 성공한다고 말한다.

세상은 점점 더 빠르게 움직인다. AI 시대를 사는 우리에게는 어제보다 오늘 시간이 더 빠르다. 그렇다고 너무 걱정하지 마라. 시간을 쫓아가는 것은 달리기를 평생 하는 것이 아니다. 인공위성이 어느 궤도에 올라가면 저절로 움직이는 것처럼 시간과의 싸움도 일정한 궤도에 오르면 편안하게 즐길 수 있다. 시간을 지배하는 이들은 늘 움직이지만 여유롭다. 쫓아가는 게 아니라 앞서가기 때문에 자기가 속도를 조절할 수 있다.

작년에 코미디언 후배 김숙이 욕지도에 놀러 온 적이 있다. 낚시도 하고 요리도 해 먹으며 1박 2일을 놀고 갔다. 숙이는 내게 "오빠는 도대체 언제 책을 쓴다는 거야?"라고 물었다. 숙이 눈에는 내가 책을 쓰겠다며 욕지도에 가서 계속 놀고만 있는 것처럼 보인 거다. 마찬가지로 숙이는 서울로 돌아가 욕지도 여행 콘텐츠로 유튜브 영상을 두 개나 올렸다. 그래서 내가 물었다. "넌 도대체 언제 그 영상을 다 찍은 거야?" 우리 두 사람은 남들 눈에는 여유로워 보였지만, 각자의 시간 궤도에서는 치열하게 돌아가고 있었던 것이다.

그렇다면 어떻게 시간을 지배할 수 있을까. 시간을 지배하기 위해 필요한 것은 결단력과 실행력이다.

먼저 시간을 지배하기 위해 빠른 결단력이 필요하다. 말콤 글래드웰은 『블링크』라는 책에서 눈 깜짝할 시간에 결정한 일들이 오랜 기간 심사숙고해서 내린 결정보다 결과가 좋은 경우가 많다고 말했다. 2008년 금융위기를 정확히 예측한 사람들은 신용평가 회사가 아니라 자신의 직감을 신뢰한 이들이었다. 또한 미술관이 14개월 동안 분석해 진품이라 결론 내린 작품을 전문가들은 단 2초 만에 모조품이라 판단했다. 『블링크』는 순간적인 판단과 통찰의 힘, 다시 말해 빠른 결단의 중요성을 얘기하는 책이다.

결단을 내리는 게 어렵다면 일단 실행하면 된다. 평소 나에게 사업 기획서를 가져와 조언을 구하는 이들이 많다. 그 제안서를 살펴보면 내가 당장 하고 싶을 정도로 돈이 될 만한 사례가 많다. 그들에게 왜 지금까지 시작하지 않았냐고 물어보면 아직 준비가 덜 되었다고 답한다. 준비만 몇 개월째고, 1년이 넘도록 기획서만 고치고 있는 이들도 있었다.

완벽한 준비는 없다. 어느 정도 방향이 서면 일단 시작해야 한다. 일단 실행부터 하고 답을 찾으면 된다. 그렇게 꾸준히 실행하다보면 내게 맞는 사업 방향이 생긴다. 가만히 앉아서 머리로만 생각하면 절대 보이지 않는 방향이다. 내 안에 있는, 나도 모르는 능력은 실행하다 보면 갑자기 튀어나오게 마련이다. 반드시 나올 테니 걱정하지 마라. 결단력보다 실행력이 더 중요하다.

시간을 지배한다는 것은 돈보다 앞서 나가는 것이다. 빠른 결단력과 실행력이 있으면 얼마든지 가능하다. 나는 요즘 시간을 지배한다. 작가로, 강사로, 요식업 CEO로, 연예인으로, 유튜버로 살고 있지만 전혀 바쁘지 않다. 남들 눈에는 바빠 보일 수 있지만 막상 내가 느끼는 시간은 너무도 여유롭다.

시간을 지배하기 위한 한 가지 방법을 제안하겠다. 시간에 쫓기는 사람들을 위한 '위대한 3분의 법칙'이다. 아침에 일어나 알람을 3분 후로 맞춘다. 알람이 울릴 때까지 '오늘 하루를 어떻게 보낼 것인가?', '일주일을 어떻게 보낼 것인가?', '한 달을 어떻게 보낼 것인가?' 질문을 던지고 답을 생각하라. 딱 3분이면 된다.

3분 동안 당신의 뇌는 세 가지 질문에 대한 답을 다양하게 보여줄 것이다. 독서를 꾸준히 해온 사람이라면 놀라운 생각들이 떠오를 것이다. 시간을 지배하는 것은 엄청 재밌는 일이다. 당신은 오케스트라의 지휘자처럼 시간을 빠르게도 느리게도 움직일 수 있다. 당신의 손짓 하나, 눈짓 한 번에 세상의 속도가 달라진다.

Q. 지금 3분 동안 던질 질문은 무엇인가?
A. 3분 동안 내게 던질 질문은
(   )이다.

결국,
한 단어를 찾는 힘이다

글쓰기는 돈이다. 많은 사람들이 꿈꾸는 유튜버도 결국 글을 영상으로 만드는 일을 한다. 글로 기획하고, 글로 섬네일을 만들고, 글로 자막을 만들어 구독자를 만족시키기 때문이다. 글쓰기 없는 유튜브는 없다. 블로그도 마찬가지다. 글을 쓰면 구글 애드센스와 연동해 광고 수익을 창출할 수 있다. 글쓰기만으로 1년에 수억 원의 광고료를 창출할 수 있는 시대다.

AI 시대에도 역시 글쓰기가 필요하다. AI를 제대로 이용하려면 질문을 잘 던져야 한다. 좋은 질문을 만드는 방법은 문장을 잘 만드는 것이다. 잘 만들어진 문장이란 결국 글쓰기다.

좋은 질문이란 명쾌한 질문이다. 명쾌하다는 것은 짧고 강렬하다는 뜻이다. 우리는 학창 시절에 책을 읽고 줄거리를 요약해 가는 숙제를 받곤 했다. 줄거리란 책의 내용을 줄여 설명하는 것으로, 300쪽짜리 내용을 1~2쪽으로 줄이는 과정이다. 이를 다시 한 문장으로 줄여서 질문의 형태로 바꾸면 잘 만들어진 질문이 된다.

예를 들어보자. 『데미안』을 읽고 한 문장을 만든다면 난 이렇게 쓰겠다. "나는 남의 눈치를 보지 않고 '내 안'에서 솟아나는 그것을 살아보겠다."

이제 이 문장을 질문으로 바꿔보자. "끌려다니며 살지 않으려면 어떻게 하면 되는가?"

나는 이 질문 하나로 지금의 삶을 가꾸고 만들어냈다.

글쓰기를 잘하려면 단문을 잘 쓸 수 있어야 한다. 문장은 결국 단어의 조합이다. 그렇다면 단문을 쓰기 위해서는 핵심 단어를 먼저 찾아야 한다.

여러분도 한번 해보라. 책 한 권을 읽은 후에 가장 중요하다고 느낀 한 단어만 골라라. 정답이 있는 게 아니다. 사람마다 다르다. 본인에게 가장 인상적인 단어를 찾는 것이다.

내가 『데미안』에서 찾은 단어는 '내 안'이다. '남들 안'이 아니라 내 안에서 솟아 나오는 그것. 그러려면 내 안에서 솟아 나오려는 게 무엇인지 알아야 했고, 그렇게 '나는 누구인가'를 끊임없이 물었다. 이런 과정을 통해 작가 고명환이 솟아났다.

단어 하나만 잘 찾으면 양자역학적으로 나를 '관찰'해서 내 안에 '중첩'되어 있던 능력을 현실 세계에 등장시킬 수 있다. 책을 읽고 동영상 강의를 보며 가장 핵심적인 단어 한 개를 찾아내는 훈련을 하자. 그 단어를 왜 골랐는지, 그 단어를 통해 어떤 감동을 받았는지, 그 단어가 내 안에 중첩되어 있는 능력 중 '어떤 나'에게 울림을 주었는지 질문하고 생각하라.

긴 이야기 속에서 핵심 단어 한 개를 찾아내는 훈련을 반복해서 하다보면 저절로 단문을 잘 쓸 수 있게 된다. 심지어 말도 더 잘하게 된다.

강연장에서 질문을 받다보면 질문에 도달하기까지 엄청난 시간이 걸리는 사람들이 많다. 자기 질문의 핵심 단어를 몰라서 그렇다. 핵심 단어를 설정하지 않고 질문을 시작하니까 시간이 오래 걸리고 제대로 된 질문도 못 하는 것이다.

"제가 어릴 때 아버지가 돌아가셔서 엄마가 굉장히 힘들게 사셨거든요. 엄마는 잠도 잘 못 자고 늘 약을 달고 사셨는데, 그런 모습을 볼 때마다 마음이 아파서…. 제가 원래는 이과를 가려고 했는데요. 뭔가

분위기가 취직이 잘 안 되는 것 같고. 그래서 예체능 쪽으로 한번 옮겨 보면 어떨까 하는데 엄마는 그냥 이과로 가는 게 낫지 않겠냐고…."

강연 중에 실제로 받았던 질문이다. 처음에는 무엇을 물으려는 것인지 감도 오지 않았지만 결국 질문은 "빨리 돈을 벌 수 있는 전공이 뭐가 있을까요?"였다. 아마 질문자는 이 질문을 시작했을 때부터 머릿속에 온통 '돈'이라는 단어밖에 없었을 것이다. 그런데 언제 이 '돈'이라는 단어를 꺼내야 하는지 몰라서 계속 중언부언한 것이다. 결국 가장 중요한 건 한 단어 찾기다.

\ 무엇보다 처칠은 청중이 듣는 즉시 이해할 수 있는 말을 사용했다. (중략) "청중은 흔히 사용하는 짧고 소박한 단어를 선호합니다. (중략) 짧은 단어가 청중에게 훨씬 강한 인상을 주고 의미가 쉽게 파악되고 국민의 뇌리에 더욱 깊이 새겨집니다." 이 개념은 처칠이 전시에 실시한 위대한 연설에 녹아 있다. … 『처칠 팩터』 124쪽

말을 잘하면 돈을 잘 번다. 아니 돈을 잘 벌려면 말을 잘해야 한다. 말을 잘하기 위해선 짧은 단어를 구사해야 한다. 나는 요즘 강의하러 갈 때 딱 두 단어만 머릿속에 가지고 간다. '실존주의'와 '양자역학'이

다. 이 두 단어로 두 시간 동안 강의한다. 그전에는 '물건 - 제도 - 철학'이라는 단어로, 더 전에는 '개념 앞에 직관을'이라는 단어만 가지고 두 시간을 강의했다.

두 개의 단어로 두 시간 강의를 할 수 있는 비결은 압축을 푸는 기술에 있다. 압축할 수 있으면, 거꾸로 압축을 풀 수 있는 능력이 생긴다. 한 시간짜리 강의를 듣고 한 단어로 만드는 연습을 계속하면 어느 순간 한 단어로 한 시간 동안 말할 수 있는 능력이 생긴다. 우리가 컴퓨터로 파일을 압축도 하고 풀기도 하는 것과 같은 원리다.

자, 그럼 이제 한 단어를 어떻게 하면 잘 뽑을 수 있는지 알려주겠다. 바로 마법의 주문 '끼적끼적'이다. 책을 읽을 때는 반드시 손에 필기도구를 든다. 책은 우리가 스스로 생각하게 만든다. 순간순간 떠오르는 생각을 책 속에 끼적거려라.

'책을 최대한 지저분하게 읽는다'가 나의 독서법이다. 중간중간 끼적거리다가 중요하다고 생각되는, 이건 꼭 기억해야겠다고 느끼는 부분은 책의 앞뒤에 있는 면지에 옮겨 적자. 책을 읽고 나면 면지가 지저분해져야 한다. 책을 다 읽고 자신이 끼적거린 면지에서 딱 한 단어만 고르면 된다. 300쪽을 다시 훑어볼 필요도 없다. 내 책 『책 읽고 매출의 신이 되다』는 이렇게 끼적거려 놓았던 글들을 모아서 출간했다.

Q. 내가 선택한 한 단어는 무엇인가?
A. 이 책을 읽으며 건져 올린 한 단어는
(   )이다.

성공을 설명하는
하나의 단어

> 선생님(찰리 멍거)이 이룬 대단한 성공을 설명하는 하나의 단어는 무엇인가요? (중략) 저는 '합리성'이라고 대답했습니다. … 『가난한 찰리의 연감』 410쪽

찰리 멍거는 누구인가? 버크셔 해서웨이는 시가총액 1조 달러(2024년 9월 기준)가 넘는 미국의 투자 지주회사다. 투자의 귀재로 불리는 워런 버핏이 버크셔 해서웨이의 CEO인데, 워런 버핏과 함께 이 엄청난 회사를 키워낸 이가 찰리 멍거다.

찰리 멍거는 워런 버핏의 '조용한 동업자'로 「포브스」 400대 부호 명단에 이름을 올리기도 했다. 워런 버핏이 가장 신뢰한 동업자이자

친구였다. 사람들은 버크셔 해서웨이의 성장 이면에는 두 사람의 금융 천재가 있었다고 입을 모은다.

찰리 멍거는 스스로 성공의 요인을 '합리성'이라고 말했다. 합리성을 사전에서 찾아보면 '이론이나 이치에 합당한 성질'이라고 나온다. 무슨 말인지 잘 모르겠다. 모르면 내 삶에 적용할 수 없다. 찰리 멍거가 성공을 설명하는 단 하나의 단어를 '합리성'이라고 했으니 기필코 배우고 싶다.

한문을 찾아보자. 合理性. 合은 '합하다', '모으다'이고, 理는 '다스리다'이며, 性은 '성품', '성질'이다. 뭔가를 합하고 모아서 다스릴 수 있는 성품을 가진다는 말이다. 그렇다면 무엇을 합하고 모아야 할까?

> 멍거는 투자에 성공하기 위해서는 "회계와 경제학뿐만 아니라 자연과학, 사회과학, 인문학으로 촘촘하게 짜여진 정신적 격자모형을 가져야 한다"고 주장한다. … 『부의 인문학』 43쪽

무엇을 모아야 하는지 알았다. 바로 책이다. 찰리 멍거가 400대 부호 명단에 이름을 올릴 수 있었던 이유는 결국 '책을 모아서 돈을 다스릴 수 있는 성품'을 가졌기 때문이다. 그렇다면 얼마나 많은 책을 읽어야 할까?

> "인생을 살면서 '문사철 600'을 목표로 해야 한다고 늘 이야기한다. 문사철 600은 문학 책 300권, 역사 책 200권, 철학 책 100권을 읽어야 한다는 의미다." … 「글로벌이코노믹」 "김재철 명예회장의 '학구열'이 동원그룹에 미친 영향"
> 2020년 8월 12일

우리나라 재계 1세대 중 한 명으로, 원양어선 말단 선원부터 시작해 지금의 동원그룹을 일군 김재철 명예회장의 말이다. 김재철 회장은 원양어선 선장 시절, 배에 필요한 용품을 구하기 위해 시모노세키 등의 항구에 정박하면 책방에 가서 헌책을 사다가 배 안에서 끊임없이 읽었다고 한다. 소문난 다독가인 김재철 회장이 문사철 600권의 책을 읽어야 한다고 말한 것이다.

나 역시 동의한다. 마땅히 가져야 할 부를 가지기 위해서는 문사철 600권은 읽어야 한다. 늦지 않았다. 오늘부터 시작하면 된다. 10년 동안 문학, 역사, 철학 관련 책을 600권 읽어보자. 목표에 빨리 도달하겠다고 1년 안에 다 읽겠다는 생각은 하지 마라. 서두르면 안 된다. 최소 10년 계획은 세워야 한다. 30권, 50권, 100권이 쌓여가는 동안에 계속해서 내가 가진 부가 증가할 것이다.

일단 당장 문학, 역사, 철학 관련 책을 한 권씩 구하자. 그리고 한 권당 10쪽씩 읽어가자. 이런 속도로 읽으면 한 달에 세 권 정도는 읽을 수 있다. 그럼 1년이면 36권, 10년이면 360권밖에 안 되는데 어떡하냐고? 그렇지 않다. 이런 법으로 3년 정도 지나면 독서력이 생긴다. 5년 후면 더 많은 양의 책을 읽을 수 있는 능력이 생긴다. 10년이면 600권을 충분히 읽을 수 있다. 인간은 책을 읽으면 성장한다. 속도도 빨라지고 깨달음의 깊이도 깊어진다.

그런데 여러 분야의 책을 읽으면 돈을 다스릴 수 있는 어떤 성품이 생기는가?

> 다른 사람들이 동의하거나 동의하지 않는다고 해서 자신이 맞거나 틀린 것은 아니라는 사실을 명심하라. 중요한 것은 오직 분석과 판단의 정확성이다. 대중을 흉내 내는 것은 평균으로 회귀하는 일이다. … 『가난한 찰리의 연감』 67쪽

바로 '독립성'이 생긴다. 독립성이란 사회나 사람에게 끌려다니지 않고 스스로 모든 걸 할 수 있는 능력이다. 독립성이 없는 사람은 대중에 휘둘린다. 다수의 행동이 맞는지 틀리는지도 모른 채 그냥 따라간다. 이렇게 무작정 따라가면 평균적인 부를 가질 수밖에 없다.

유튜브 채널 〈소비더머니〉에서 김재철 회장의 이야기를 다룬 적이 있다. 동원그룹 창업자인 김재철은 시골 마을에서 11남매의 장남으로 태어났다. 공부를 잘해 서울대를 목표로 했지만, 서울대를 포기하고

국립부산수산대학교 어류학과에 진학했다. 그 선택이 김재철 회장의 인생을 완전히 바꿔놓았다.

만약 김재철 회장이 남들이 다 좋다고 말하는 대로 서울대에 진학했다면 동원그룹은 탄생하지 못했을 거다. 아마도 평균적인 삶 안에서 평범하게 살았을 것이다. 하지만 김재철 회장은 자신의 의지, 즉 '독립성'을 갖고 수산대학교에 입학했으며, 결국 남들은 가지지 못한 엄청난 부를 만들었다.

인간은 많은 사람이 모여 있는 곳으로 가고 싶어한다. 그곳이 안전해 보이기 때문이다. 혼자 있으면 불안하다. 아마 원시시대 사람들이 맹수에게 쫓길 때 혼자 있기보다는 다수가 뭉쳐 있으면 생존 확률이 높았기 때문에 그 유전자가 후손에게 남겨졌을 것이다.

현대사회에 진짜 맹수는 없지만 '무지(無知)'라는 맹수가 있다. 모르면 당하고 돈도 빼앗기는 게 현대 자본주의 사회다. 많은 사람들이 모여서 평균의 부를 나눠 가지고 있는 '그곳'에서 뛰쳐나와야 한다. 책을 모아서 돈을 다스릴 수 있는 성품을 갖기 위해 노력해야 한다.

봄이 되면 새싹은 눈을 뚫고 나오려 노력한다. 벌은 꿀을 모으기 위해 노력한다. 지구는 태양에서 멀어지지 않으려 노력한다. 새싹도 벌도 지구도 노력하면서 불평하지 않는다.

Q. 어떤 책을 읽어야 돈을 다스릴 수 있는가?
A. 내가 당장 읽을 문학, 역사, 철학 책은
(　　　　　　　　　　　　　　　)이다.

이기적인 마음을 이용하라

현대 생물학의 고전이라 불리는 리처드 도킨스의 책 『이기적 유전자』. 이 책에서 우리가 생각해볼만한 것은 '이기적'과 '이타적'이라는 단어의 의미다.

생명체는 유전자를 지키고, 보관하고, 늘려갈 수 있다면 얼마든지 이타적인 행동을 한다. 그런데 생명체가 이타적인 행동을 하는 근본 이유를 들여다 보면 '이기적인 마음'이 있다는 것이다. 결국 '나를 위해서 남을 도와 주는 것'이다.

돈을 좇는다는 것은 오로지 나만의 행복을 위해서 돈을 번다는 이기적인 마음이다. 돈은 이런 마음을 좋아하지 않는다. 극도의 이기주의는 돈을 좇지 않고 따라오게 만드는 것이다. 나를 먼저 위하는 게 아니고, 남을 먼저 위해서 내가 할 수 있는 가치있는 행동을 함으로써 돈은 저절로 따라오게 만드는 것이다. 이게 바로 돈의 선순환이다. 돈은 이런 마음을 좋아한다. 이 선순환의 원리를 알고 있는 사람들을 나는 '극도의 이기주의자'라고 표현한다.

이 말과 소름 돋게 같은 말을 한 사람이 『그리스인 조르바』를 쓴 니코스 카잔차키스다. 니코스 카잔차키스는 이렇게 썼다. "자신을 구하는 유일한 길은 남을 구하려고 애쓰는 것이다."

우리 인간의 몸에는 애초에 나를 위해 남을 도우라는 프로그램이 입력돼 있었다. 그런데 이성이 생기고 언어가 생기면서 욕심을 알게 됐고, 나만을 위하는 삶이 잘 사는 삶이라고 착각하기 시작했다. 『이기적 유전자』의 이론이 맞다면, 결국 남을 도와주는 게 길고 크게 봤을 때 나에게 더 유익할 텐데 말이다. 그럼 이 이론을 삶에 어떻게 적용할 수 있을까?

강연을 가기 위해 택시를 탔다가 우연히 라디오에서 사연 하나를 들었다. 사연을 보낸 이가 차에 기름을 넣기 위해 주유소에 갔는데, 주유기마다 이런 말이 쓰여 있었다고 한다. '내일부터 휘발유와 경유 가격이 대폭 인하되오니 오늘은 꼭 필요한 만큼만 주유하시고 내일 와서 다시 주유하세요.'

이 사연을 듣자마자 그 주유소에 꼭 한번 가보고 싶다는 마음이 들었다. 이제껏 수많은 주유소에 갔지만 '여기는 꼭 다시 와야겠다'라는 생각이 든 곳은 없었다. 캔 커피, 물, 티슈 등 온갖 사은품도 받아봤지만 인상에 남는 주유소는 없었다. 그런데 이 주유소만큼은 라디오에서만 들었을 뿐인데도 '아, 저기는 꼭 가보고 싶다'는 마음이 생겼다. 아마도 그날 그 주유소에 들른 모든 사람의 마음이 나와 같았을 것이다.

배달의민족 창업자인 김봉진 의장도 이런 생각으로 사업을 시작했다고 한다. '배달해주지 않는 맛집의 음식을 집에서 먹고 싶어하는 사람이 얼마나 많을까? 몸이 아파 직접 매장에 못 가지만 단골식당 음식을 먹고 싶어하는 사람은 얼마나 많을까? 이들에게 먹고 싶은 음식을 배달해주자.'

성장을 거듭한 배달의민족은 2019년 독일의 음식 배달 서비스 회사 '딜리버리히어로'에 4조 7,500억 원에 인수됐다. 남을 위하는 마음으로 시작해야 크게 성장할 수 있다. 오로지 내 돈, 내 욕심, 내 성공만 바라며 시작하면 절대 이런 자리에 오르지 못한다.

내 욕심으로 시작하면 발휘될 수 있는 창의에 '한계'가 있다. 하지만 남을 위해 시작하면 내 안에서 발휘되는 창의는 '무(無)한계'다. 이기적인 유전자가 도와주기 때문이다. 결국 이타심은 가장 이기적인 마음이다. 우린 이걸 이용하면 된다.

"자신을 구하는 유일한 길은 남을 구하려고 애쓰는 것이다." 이 한 줄이 4조 7,500억 원보다 무겁게 다가오는 이유다. 고전은 선순환의 시작이다.

Q. 남을 위해 할 수 있는 일은 무엇인가?
A. 남을 위해 할 수 있는 이기적인 일은
(　　　　　　　　　　　　　　　)다.

우연한 기회에
발견하는 것

    인생은 계획한 대로 살아지지 않는다. 우리가 모르는 세상이 많기 때문이다. 내가 외화를 벌 수 있다는 생각을 50년 만에 한 것처럼 독자 여러분도 아직 모르는 세상이 많다는 걸 인정하고 받아들여야 한다. 내가 '아직' 알지 못하는 미지의 세계에서, 나도 몰랐던 내 능력을 발견하게 해준 것이 고전이다.

    나는 어릴 때부터 무대에 서고 싶었고 삼수 끝에 연극영화학과에 진학해 방송국에 입사했다. 그때 나는 인생의 목표를 이뤘다고 생각했다. 하지만 지금 나의 삶은 작가 고명환으로 사는 게 당연한 듯 느껴진다. '내가 작가 고명환을 발견하지 못했으면 어쩔 뻔했을까?' 생각만

해도 아찔하다.

난 책 읽기는 좋아했지만 글쓰기는 싫어했다. 개그맨으로 일할 때, 요식업 CEO나 강사로 활동하는 것은 한 번쯤 상상해봤어도 작가가 된다는 생각은 해보지 않았다. 그런데 지금의 나는 작가로 가장 인정받는 사람이 됐다. 처음엔 글쓰기가 힘들었다. 하지만 책을 많이 읽다 보니 '나도 책을 쓸 수 있겠는데' 하는 생각이 들었고 바로 도전해서 작가가 됐다. 지금은 읽기보다 쓰기가 훨씬 좋고 재밌다.

내 안에 나도 모르는 능력자가 있었다. 그 능력을 깨우기 위해 고전을 읽어야 한다. 내가 개그맨에서 작가로 다시 태어난 것처럼 여러분도 거듭 다시 태어날 수 있다. 자신도 몰랐던 자신의 능력에 깜짝 놀랄 것이다. 고전을 읽으면 다시 태어날 수 있다.

＼ 칸트 철학은 그것을 파악한 모든 사람의 머리를 근본적으로 변화시키는데, 그 변화가 너무 커서 가히 정신적 거듭남이라 일컬을 만하다. … 『의지와 표상으로서의 세계』 21쪽

＼ 사람이 마음으로 자기의 길을 계획할지라도 그 걸음을 인도하는 자는 여호와시니라. … 잠언 16장 9절

인생의 모든 방면에서 가능성을 열어두어야 한다. '난 절대 관심도 없고 잘하지도 못해'라고 생각하는 분야도 오히려 적극적으로 경험해 봐야 한다. 나의 계획에는 없던 곳, 새롭게 걸음한 그곳에 새로운 '거듭남'이 있다.

3M의 '포스트잇'도 우연하게 탄생했다. 초강력 접착제를 개발하려다 실수로 재사용이 가능한 접착제를 발견했다. 계속 무언가를 시도해야만 우연한 기회를 잡을 수 있다.

"나는 물에 들어가는 건 싫어서 서핑은 절대 하지 않을 거야."

이렇게 '절대 못 하겠는 일'이 있다면 더 적극적으로 경험해보기 바란다. '극과 극은 통한다'라는 말이 왜 생겼을까? 너무 싫어하는 것이 너무 좋아하는 것이 되는 일이 세상 사람들에게 벌어지기 때문이다.

"나는 자기계발서는 안 읽어."

이러면 안 된다. 이는 기회를 잡을 수 있는 기회를 스스로 차단하는 것이다. 선입견과 고정관념은 그만큼 무섭고 인간에게 해롭다.

"닭발은 징그러워서 절대 못 먹어."

아니, 먹을 수 있다. 심지어 당신은 닭발로 큰돈을 벌 수 있는 사람이다. 그러니 세 번은 먹어보고 판단하라. 이런 각오로 적극적으로 찾아야 기회를 잡을 수 있다.

성공한 사람들은 그냥 산들바람 부는 들판에서 느릿느릿 산책하

듯 기회를 잡지 않았다. 그들은 모든 걸 날려버릴 듯한 강풍이 몰아치는 한가운데 서서, 차가운 비가 뼛속까지 스며들어도 자신의 기회를 찾기 위해 앞으로 걸어간 사람들이다.

다시 한번 강조하지만 극과 극은 통한다. 죽도록 싫은 분야에서 당신이 죽도록 좋아할 일을 찾을 수 있다. 모든 가능성을 열어두자. 지금 당장 닭발을 물어 뜯자, 우연히 새롭게 거듭나자.

Q. 나는 어떤 우연의 기회를 만들 것인가?
A. 지금까지 절대 하지 않았던
(   )을
꼭 시도하겠다.

당연하다는

말의 의미

'제2의 스티븐 호킹'이라는 평가를 받는 물리학자 카를로 로벨리는 『나 없이는 존재하지 않는 세상』에서 아인슈타인에 대해 이렇게 말했다.

＼ 아인슈타인은 가장 뿌리 깊은 믿음조차 틀릴 수 있다는 것을 보여주었습니다. 명백해 보이는 것도 사실이 아닐 수 있고, 명백해 보이는 가정을 버리면 더 나은 이해로 이어질 수 있습니다. 아인슈타인은 그래야 한다고 생각하는 것에 의존하지 말고, 오직 우리가 보는 것에만 의존하라고 가르쳤습니다. … **『나 없이는 존재하지 않는 세상』 22쪽**

아인슈타인이 말하는 '그래야 한다고 생각하는 것'은 다른 사람들이 만들어놓은 방식이다. 사회, 국가, 자본주의가 '이렇게 살아야 한다'고 만든 방식. '오직 우리가 보는 것'은 스스로 자신의 삶을 이끌고 가는 방식이다. 그것을 찾으려면 질문을 던져야 한다. 아무 질문이 아니라 깨달음과 간절함 속에서 나오는 진짜 질문 말이다. 진짜 질문은 '뉴턴의 사과'처럼 문득 솟아난다.

"사과가 왜 땅으로 떨어지는가?"

보통은 뉴턴의 질문을 여기까지만 알고 있다. 진짜 위대한 질문은 뉴턴 안에서 솟아난 그다음 질문이다.

"그런데 사과보다 훨씬 거대한 달은 왜 땅에 떨어지지 않고 하늘에 떠 있을까?"

1666년에 뉴턴이 던진 질문 하나로 인해, 인류는 1957년에 최초의 인공위성 스푸트니크 1호를 쏘아 올렸고, 이후 6,000여개 이상의 인공위성을 쏘아 올렸다. 아마도 당시 뉴턴의 질문을 들은 사람들은 "야, 당연히 사과는 땅으로 떨어지고 달은 저 하늘에 떠 있는 거지. 바보 아냐?"라고 말했을 것이다.

당연하다고 생각하는 것을 버리면 더 나은 뭔가를 얻을 수 있다. 내가 이 글을 쓰기 위해 욕지도에 처음 오던 날 이런 글을 읽었다.

"해야 할 것에 집중하지 말고 하지 말아야 할 것에 집중해보라."

이 문장은 내가 전작에서도 인용했던 칼 구스타프 융의 말과 연결된다. "진리에 이르는 길은 의도를 갖지 않는 것이다." 내가 해야 할 것은 글을 쓰는 것인데 글을 쓰겠다는 의도를 가지면 글이 안 써진다. 자꾸 핸드폰을 들추고, 그러다 낚시를 나가고, 고기를 잡으니 술을 한잔하고… 시간이 훌쩍 지나가버린다. 그렇다고 마냥 즐거운 것도 아니다. 낚시하고 술을 마시는 동안에도 머릿속에는 '글을 써야 하는데'라는 부담감이 항상 머물기 때문이다.

욕지도에서 책을 쓰기 위해 내가 하지 말아야 할 것을 써본다. 당연하게 하던 일들을 버린다.

1. 술을 마시지 않는다.
2. 핸드폰을 보지 않는다.
3. TV를 보지 않는다.

혼자 섬에서 세 가지를 하지 않는 대신 할 수 있는 건 낚시, 산책, 독서 그리고 글쓰기뿐이다(낚시는 일용할 양식을 잡아야 해서 할 수밖에). '이것저것 할 수 있는데 그 와중에 글을 써야 한다'보다 '할 수 있는 게 글쓰기밖에 없다!'라고 생각하니까 훨씬 편하게 글을 쓸 수 있다.

사람들은 자신이 당연하다고 여기는 방식으로 돈을 번다. 의심하지 않는다. 우리가 당연하다고 생각하는 것은 주로 외부에서 얻은 정보로 인해 생겨났다. 늘 그런 방식으로 당연하다는 마음을 만들었다. 하지만 진짜 당연한 것은 자기 안에서 솟아난다.

'당연'의 한자를 살펴보자. 當(당)이라는 글자에는 '밑바탕, 바닥'이라는 뜻이 있다. 然(연)이라는 글자에는 '불타다'라는 뜻이 있다. 고로 당연의 뜻은 '밑바닥에서 불타오르는 생각'이다. 앞서 말한 『데미안』이 생각나지 않는가?

"내 안에서 솟아 나오려는 그것, 바로 그것을 나는 살아보려 했다."

당연한 마음은 자기 안에서 솟아나야 한다. 남들의 말이 아니라 내 안에서 솟아 나오려는 그것에 귀를 기울여야 한다. 당신의 목소리를 따라가라. 그러면 돈은 당연히 여러분을 따를 것이다.

Q. 내 안에서 솟아나는 그것은 무엇인가?
A. 내 안에서 솟아나는 당연한 진리는
(　　　　　　　　　　　　)이다.

일을 대하는
태도

　세 명의 벽돌공 이야기가 있다. 유명하고 오래된 얘기지만 죽음과 연관 지어 다시 한번 생각해보자.
　벽돌공 세 명에게 지나가는 행인이 무슨 일을 하냐고 물었다. 첫 번째 벽돌공은 "보면 몰라요? 벽돌 쌓고 있잖아요"라고 짜증 섞인 목소리로 대답한다. 두 번째 벽돌공은 "당연히 돈을 벌고 있죠"라고 무덤덤한 말투로 대답한다. 세 번째 벽돌공은 "아름다운 성당을 짓고 있어요"라고 활짝 웃으며 대답한다. 이야기는 여기까지다. 자, 이제 생각을 해보자.
　세 명의 벽돌공이 모두 벽돌을 쌓다가 갑자기 죽음의 순간을 맞았다고 가정해보자. 첫 번째 벽돌공은 '내가 이 세상에 태어나 이깟 벽돌이나 쌓다가 생을 마감하다니'라며 분노와 후회와 원통함 속에서 죽을 것이다. 두 번째 벽돌공은 '결국 죽는 순간까지 돈 벌려고 일하다 죽는구나. 그렇다고 돈도 제대로 벌어보지도 못했어'라며 쓸쓸하게 마지막 순간을 맞이할 것이다. 세 번째 벽돌공은 '비록 내가 완성하지는 못했지만 아름다운 성당이 완성되면 지치고 고통받는 사람들이 와서 기도하고 위로받고 힘을 얻을 수 있을 거야'라 생각하고 만족이 가득한 미소를 지으며 죽을 수 있을 것이다.

인간은 60세에 죽든 120세에 죽든 뭔가를 하다가 죽음의 순간을 맞이한다. 나는 2005년에 죽음 바로 앞까지 가봤다. 그때 깨달았다. 인간은 결국 무언가를 하다가 죽는데 그 죽음의 순간을 맞이할 때 남이 시켜서 하는 일, 끌려다니면서 하는 일을 하다가 죽고 싶지 않다는 것을.

우리는 일(work)하는 데 가장 많은 시간을 할애한다. 그러니 돈을 벌기 전에, '일은 왜 하는가'라는 물음에 명확하게 답할 수 있어야 한다. 그 답을 찾아야 돈 버는 과정이, 지금 이 순간이, 하루하루가 행복할 수 있다.

니체는 세 가지 정신을 말한다. 낙타, 사자, 어린아이. 낙타는 '나는 해야 한다', 사자는 '나는 할 것이다', 어린아이는 '나는 즐긴다'의 정신이다. 어린아이 단계는 몰입이다. 몰입은 최상의 즐거움이다. 돈을 좇지 않는 마음이다. 즐겁게 일하며 돈은 따라오게 만드는 정신 상태다.

╲ 어떻게 생각하고 마음먹느냐 하는 것이 인간의 미래를 결정짓는 모든 것이라 해도 과언이 아니다. 긍정적으로 생각하고 용기를 품어라. 긍정적인 생각은 그 자체가 창조력을 가지고 있다. 세상 모든 일은 소망에서 비롯되며, 그것이 진지하고 바르다면 언젠가는 반드시 실현된다. … 『가르시아 장군에게 보내는 편지』 83쪽

100쪽 분량으로 부담 없이 읽을 수 있는 책 『가르시아 장군에게 보내는 편지』는 약 100여 년 전에 출간돼 무려 1억 부 이상 팔린 세계적인 베스트셀러다. 이 책은 실화를 바탕으로 쓰였다.

미국이 쿠바를 독립시키기 위해 전쟁을 할 때였다. 미국 매킨리 대통령은 쿠바 반군의 지도자인 가르시아 장군에게 비밀스러운 편지를 보내야 했는데, 쿠바 정글에서 장군의 거처를 알아내기란 쉬운 일이 아니었다. 그런 힘든 임무를 받은 로완 중위는 편지를 품에 넣자마자 곧바로 길을 떠났다. "지금 그가 어디 있습니까?"라는 질문 따위는 없었다. 어디에 있든지 무조건 전달하겠다는 의지의 표현인 것이다.

\ 스파르타 군대는 적군이 몇 명이나 있는지 묻지 않았다. 어디 있는지만 물었다. 어차피 공격할 것이기 때문이었다. 이기기 위해 그곳에 있었다. … 『브레이브』 197쪽

일을 대하는 태도는 자신이 정할 수 있다. 쉬운 일, 돈 되는 일만 찾지 말고 어려운 일, 올바른 일을 찾아라. 이런 일을 찾아 긍정적으로 생각하면, 저절로 몰입하게 되고, 마땅히 가져야 할 부는 따라온다. 이 선순환이 우주의 방향이고 돈이 흐르는 길이다.

Q. 나는 어떤 태도로 일을 대할 것인가?
A. 지금 취해야 할 일에 대한 태도는
(   )이다.

끈기의 뜻

Think and Grow Rich. 생각하고, 그리고 부자가 되어라. 이 문장을 좋아한다. 2022년에 출간했던 『이 책은 돈 버는 법에 관한 이야기』 표지에도 이 문장을 넣었다. 이 문장은 나폴레온 힐의 책 제목이기도 하다. 당대의 자수성가한 부자 507명을 인터뷰해 그들의 성공 비결을 담은 책 『생각하라 그리고 부자가 되어라』에서 나폴레온 힐은 성공의 주된 원인을 이렇게 말한다.

\ 그들의 엄청난 성공의 주된 원인으로 끈기 외에는 다른 어떤 자질도 찾아볼 수 없다. … 『생각하라 그리고 부자가 되어라』 222쪽

해답은 끈기다. 끈기를 사전에서 찾아보면 '끈氣'라고 나온다. '끈'은 한글이고 '기'는 한자다. '끈'을 사전에서 다시 찾아본다.

\ 끈

1. 물건을 매거나 꿰거나 하는 데 쓰는 가늘고 긴 물건
2. 물건에 붙어서 잡아매거나 손잡이로 쓰는 물건
3. 벌이를 할 수 있는 방도

신기하다. 끈기의 '끈' 자에는 '돈을 벌 수 있는 방법'이라는 뜻이 포함되어 있다.

부를 가지기 위해 가장 필요한 덕목 하나를 꼽으라면 주저 없이 끈기라고 답하겠다. 다 필요 없다. 끈기만 장착하면 현대사회에서 무조건 성공할 수 있다. 반대로 그만큼 끈기 있는 사람이 드물다. 왜 끈기를 가지기 힘들까?

'외국인이 이상하게 생각하는 한국인의 행동'이라는 영상을 본 적 있다. 한국인은 편의점에서 전자레인지에 음식을 돌릴 때 타이머가 '0'이 되어 끝날 때까지 절대 기다리지 않는다는 것. 대부분 타이머 숫자가 '3' 정도에 다다랐을 때 미리 정지 버튼을 누르고 음식을 꺼낸다는 것이다. 그 영상을 보며 나 역시 "맞아 맞아"를 외쳤다.

대체 우리는 왜 기다리지 못할까?

첫째, 우리나라는 한국전쟁 후의 폐허 속에서 '빨리빨리' 정신으로 사회를 복구하고 경제성장을 이뤘다. 둘째, 벼농사를 지어온 우리 민족은 공동 작업을 많이 한다. 공동 작업을 하려면 다른 사람과 속도를 맞춰야 한다. 혼자 작업하면 속도를 조절할 수 있지만 공동 작업은 대개 속도가 빨라질 수밖에 없다.

여러 가지 이유로 우리 몸속에 기다리지 못하는 DNA가 심어졌지만, 이제는 안 그래도 된다. 전쟁이 없으니 복구할 필요도 없다. 이제 공동 작업은 거의 없다. 서두르지 않아도 된다.

끈기의 적은 결과 중심주의다. 한국인은 결과를 중시한다. 뭔가 시작했으면 빨리 성과를 얻어야 한다. 결과가 별로면 과정이 아무리 좋아도 인정하지 않는다. 결과가 전부가 아님을 이제는 우리도 알아야 한다.

인간의 삶은 결과보다 과정이 훨씬 중요하다. 우리는 결과를 향해 달려가지만 결과를 보지 못한 채 죽는 사람들이 대부분이다. 어쩌면 완벽한 결과라는 것 자체가 없는지도 모른다. 없는 것을 쫓아가고 손에 쥐려 하니까 금방 포기할 수밖에.

인간은 오늘이라는 과정을 사는 생명체다. 내가 끈기 있게 외치고 있는 긍정 확언이 오늘(2025년 2월 26일)로 1,184일째다. 일단 1만 일까지 외치기로 다짐했다. 1만을 달성하고 나면 당연히 2만을 향해 나아갈 것이다. 2만 일이 되는 날이면 내 나이 100세가 넘으니, 2만 일까지 못 가고 죽을 수 있다. 그렇다면 내가 긍정의 말을 외쳐온 날들은 의미가 없는 것인가? 절대 아니다. 1일부터 모든 하루하루가 내게는 의미고 역사다. 2만 일을 못 채운다고 원통해하거나 고통스러워하지 않는다.

결과에 대한 마음을 비우는 훈련을 선행해야 끈기를 가질 수 있다. 실패도 하고 좌절도 하면서 계속 나아가는 게 삶이다. 어쩌면 1만 일을 채우기 전에 하루 정도 부득이하게 긍정 확언을 빼먹을 수도 있다. 하루 빼먹으면 주변에서 난리가 날 것이다. "작가님, 어떻게 하루를 빼먹을 수 있나요? 그럼 처음부터 다시 해야 하는 거 아닌가요? 작가님 실망이에요!" 아니다. 하루도 빠지지 않고 완벽하다고 뭐가 더 좋은가. 하루라도 빠지면 완벽을 위해서 그날로 포기해야 하는가? 왜 그래야 하는가? 그냥 그다음 날부터 또 계속해가면 된다. 숫자는 중요하지 않다. 오늘 아침에 나를 위해서 긍정 에너지로 출발할 수 있다면 그걸로 충분하다. 완벽주의가 끈기를 막는다. 완벽보다 끈기가 훨씬 중요하다.

주변 사람의 유혹 또한 끈기를 방해하는 요소다. 내가 긍정 확언을 300일쯤 외쳤을 때까지도 주변 반응은 이랬다. "그거 왜 해? 돈이 생기는 것도 아닌데 아침마다 힘들잖아? 차라리 그 시간에 다른 콘텐츠를 찍어." 1,000일을 넘어서며 긍정 확언으로 무수한 파생 효과가 생겨나고 심지어 영상 자체로 수익이 생기자, 누구도 내게 그만하라고 말하지 않는다.

끈기란 이를 악물고 억지로 참는 게 아니다. 미래를 예측하며 즐겁게 행하는 것, 그게 끈기다.

Q. 끈기 있게 할 수 있는 일은 무엇인가?
A. 나는 (　　　　　　　　　　　)을 끈기 있게 하겠다.

한 우물을 팔 것인가,
여러 우물을 팔 것인가

　한 우물을 팔 것인가, 여러 우물을 팔 것인가. 반드시 여러 우물을 파야 한다. 내 시간과 노동력을 돈과 일대일로 바꾸는 한 가지 방법만 알고 있다면 나이 먹을수록 수입이 줄어들 수밖에 없다.

　경험을 파는 세상이다. 경험은 나이가 들수록 많이 쌓인다. 그 경험을 콘텐츠로 전환할 수 있으면 돈이 된다. 나는 네 번의 사업 실패 경험, 개그맨 생활 경험, 메밀국수 식당 운영 경험, 내가 읽은 책의 경험 등을 조합해 책이라는 콘텐츠를 만들어 수익을 얻고 있다. 여러 우물을 팠기에 가능한 일이다.

　꼭 여러 가지 직업을 가질 필요는 없다. 한 가지 직업을 가지더라도 다양하게 경험하기 위해 다양한 시도를 하면 된다. 실패의 우물도 여러 개 파야 한다. 성공 스토리의 바탕에는 반드시 실패한 이야기가 포함돼야 한다.

> 우리는 자신이 개인으로서 얼마나 진보했는지를 판단할 때 사회적 지위와 영향력, 인기, 부, 교육 수준 같은 외적 요소들에 집중하는 경향이 있소. 물론 이런 것들도 물질적 문제에서 자신의 성공 여부를 평가할 때는 중요하고, 많은 사람이 주로 이 모든 것을 성취하려고 애쓰는 것도 충분히 이해할 수 있는 일이오. 그러나 자신이 인간으로서 얼마나 발전했는지를 평가할 때는 내적 요소들이 더 중요할지도 모르오. … 『나 자신과의 대화』 274쪽

> 내 성공으로 나를 판단하지 말고, 내가 몇 번이나 넘어졌다가 일어섰는지로 나를 판단하라. … 넬슨 만델라

남아프리카 최초의 흑인 대통령이자 한평생 자유를 위해 투쟁했던 노벨평화상 수상자 넬슨 만델라도 실패의 경험을 강조했다. 유명한 어록이 바로 "내 성공으로 나를 판단하지 말고, 내가 몇 번이나 넘어졌다가 일어섰는지로 판단하라"다. 전구를 발명한 에디슨도 자신의 실패에 대해 자신은 실패한 것이 아니고 "잘 안 되는 방법을 1만 가지 발

견했을 뿐"이라 했다.

'젊어서 고생은 사서도 한다'라는 말이 있다. 실패의 경험은 돈을 주고 일부러라도 사서 체험하라는 말이다. 예전에는 젊은 시절에 고생하면 내공이 쌓이고 장래 발전을 위한 힘이 된다는 뜻으로 이 말을 썼지만 요즘은 다르다. 사서 고생해서 얻은 경험 그 자체가 바로 돈이 되는 것이다. 고생을 사는 데 10원이 들었다면 그 경험으로 10억 원을 벌 수 있는 세상이다.

경험이 있어야 돈을 벌 수 있다. 실제 경험이 곧 나만의 고유한 콘텐츠가 될 수 있기 때문이다. MBN의 프로그램 〈나는 자연인이다〉가 오래도록 사랑받는 이유가 바로 사람들이 쉽게 하지 못하는 경험을 대리 만족해주기 때문이다. MBN은 자연인들의 경험을 방송이라는 콘텐츠로 만들어 돈을 번다. 이 글을 쓰다보니 〈나는 자연인이다〉의 출연자 윤택이 떠올라 전화를 걸었다.

"택아(우리는 72년생 친구 사이다), 자연인으로 산 지 3년 정도 되면 어느 정도 수준이야?"

"3년이면 이제 걸음마를 뗐다 정도 되지."

"우와, 3년이나 살았는데도 초보자 느낌이구나."

"그런 분들에겐 내가 오히려 알려드려. 난 자연인 방송한 지 14년

됐잖아. 한번은 자연인이 식탁 바로 위에 등을 달아놓으셨더라고. 그래서 '아버님, 식탁 바로 위에 등을 달아놓으시면 밥 먹을 때 벌레가 다 식탁으로 떨어져요. 머리 위를 피하시고 앞쪽 그리고 양쪽 옆으로 네 군데 정도 분산해서 등을 다셔야 그나마 여름에 벌레로부터 자유로울 수 있어요' 하고 알려드렸지."

통화하는 내내 너무 즐거웠다. 나는 겪어보지 못한 타인의 경험을 듣는 것만으로 행복하다. 윤택은 〈나는 자연인이다〉를 촬영하면서 나중에 자신에게 큰 자산이 될 수 있는 경험을 쌓고 있는 것이다.

자신의 분야를 찾아 일찍 시작하라. 시간과의 싸움이다. 일단 먼저 시작한 사람이 유리하다. 실패를 두려워하지 마라. 실패의 경험이 오히려 돈이 된다. 그러니 성공이니 실패니 가늠하지 말고 그냥 시작하라. 목표는 '경험을 쌓는다'이다.

결국 인간의 몸은 늙는다. 노동력을 돈으로 바꾸는 데는 한계가 있다. 인생의 전반전은 노동으로 돈을 벌고 후반전은 경험으로 돈을 벌어야 한다.

당신의 경험이 당신의 인생을 윤택하게 만든다!(이 문장을 윤택에게 바친다.)

Q. 내가 팔 여러 우물 중 하나는 무엇인가?
A. 오늘 내가 할 새로운 실험은
(　　　　　　　　　　　　　　　)이다.

투자의 5계명

❶ 절대 찾지 않을 돈을 투자하라.

투자할 여윳돈을 만들어야 한다. 최소 10년 동안 찾지 않을 돈만 투자하라. 내 경우 가게에서 버는 돈 외에 강의나 행사로 들어오는 돈은 무조건 투자한다.

예전에 개그맨 문천식과 함께 실패한 경험이 있다. 매달 300만 원씩 무리해서 연금저축을 했는데, 중간에 담보대출을 받으며 불필요한 이자를 냈고 결국 연금을 해지하며 원금보다 훨씬 못한 돈을 받았다. 뭐 하는 짓인가? 정말, 그래서는 안 된다. 그러기 위해서는 절대 중간에 찾지 않아도 되는 여윳돈을 만드는 연습을 해야 한다.

"지금 먹고살기도 빠듯한데 투자할 돈이 어딨어요?"라고 말하는 사람은 노후에 더 빠듯하게 살게 된다. 당연한 거 아닌가. 돈을 벌고 있는데도 빠듯하게 산다면 노후에 일을 안 할 때 어떻게 되겠는가?

투자하는 사람들도 당장 여유로워서 투자하는 게 아니다. 누구나 사는 게 빠듯하다. 그 속에서 미래를 위해 몇만 원씩 투자할 돈을 만들어내는 것이다.

주 수입 외에 추가로 단돈 만 원이라도 벌어보라. 요즘은 마음만 먹으면 퇴근 후에 아르바이트할 곳이 널려 있다. 딱 2만 원만 벌어보자. 그리고 그 돈은 무조건 복리의 마법을 얻을 수 있는 곳에 투자하자.

조금씩 시도하면 어느새 습관이 되고, 돈이 돈을 버는 모습을 보면서 더 투자하고 싶어진다. 이보다 재밌는 게임이 없다. 세상에서 가장 재밌는 게임은 빨간색 숫자가 올라가는 것을 지켜보는 일이다. 내가 잠자고 있을 때도 돈은 스스로 열심히 돈을 벌고 있다. 특히 미국 투자 시장은 우리가 자고 있을 때 돌아간다. 아침에 눈을 뜨고 당신의 돈이 밤새 얼마를 벌어놨는지 확인하는 재미는 그 무엇에 비교할 수 없다.

❷ 경제·금융에 대해서 계속 공부하라. 확신이 생길 때까지.

내 몸에서 코스피 지수, 다우존스 지수, S&P 500지수가 살아서 움직이게 하라. 러시아와 우크라이나 간에 전쟁이 시작됐을 때는 모든

지수가 떨어지는 건 금융 문맹들도 느낄 수 있다. 하지만 이 와중에 발표되는 소식들을 들으며 하루하루 지수가 오르고 내리는 걸 느낄 수 있어야 한다. 다른 사람들이 두려워할 때 투자하는 방법을 배운다면 그 성과는 엄청나다. 남들이 두려워할 때 투자할 수 있는 확신을 가지려면 공부해야 한다. 알아야 용기가 생긴다.

경제·금융과 관련된 책 100권만 읽어보라. 내 몸에서 모든 그래프가 살아 꿈틀대는 걸 느낄 수 있다. 금융 고수가 되면 결국 당신은 시간의 자유가 생긴다. 책 100권? 1년이면 읽을 수 있다. 딱 1년만 투자해 100살까지 남이 시키는 일을 하지 않고, 끌려다니며 살지 않고, 하고 싶은 일을 하면서 시간을 자유롭게 누릴 수 있는 삶을 만들고 싶지 않은가! 이것이 세상에서 가장 수익률 높은 투자다. 딱 100권이다. 무조건 1년에 100권을 읽으라는 말이 아니다. 하지만 금융에 대해서 공부하기로 마음먹었다면 단기간에 집중해서 내 안에 금융 DNA를 만드는 것이 이기는 방법이다.

복리의 마법을 믿을 수 있을 때까지 경제·금융을 공부하라. 스스로 공부해서 확신이 생겨야 한다. 지금 얼마를 버는가는 중요하지 않다. 얼마나 일찍 시작하느냐가 중요하다. 시간과의 싸움이다. 일찍 시작하기 위해서 당신이 확신을 가져야 할 거 아닌가? 공부하라. 스스로 이해될 때까지.

❸ 당장 계좌를 만들어라.

이 글을 읽고 계좌를 만드는 사람과 그렇지 않은 사람이 있다. 부디 계좌를 만들어라. 내가 바로 만들지 않는 사람의 표본이었다. 나는 기본적으로 엄청 성실한 DNA를 타고났다. 주식은 도박이라고 여겨서 아예 공부하지 않고 관심조차 주지 않았다. 혼자만의 노동으로 충분히 나와 가족을 먹여 살릴 수 있다고 믿었다. 그런데 엄청난 매출을 올리고도 통장에 남은 돈은 늘 빠듯했다. '왜 이럴까? 도대체 얼마를 벌어야 여유로움을 느낄까?' 이상했다.

답은 돈을 더 버는 데 있지 않았다. 아무리 많이 벌어도 혼자 번다면 늘 빠듯한 삶을 느낀다. 자본주의 시스템이 그렇다. 걱정하는 돈의 단위가 달라서 그렇지, 빠듯함에 대한 걱정은 다 똑같다. 누구는 1만 원 단위로, 누구는 10만 원 단위로, 누구는 100만 원 단위로 걱정한다.

쌍두마차의 원리다. 말 한 마리보다 두 마리가 훨씬 효율적이다. 노동으로 버는 돈 말고 당신의 돈이 알아서 돈을 벌어주어야 빠듯한 삶에서 벗어날 수 있다. 당신 홀로 돈을 번다면 아무리 많이 벌어도, 세금 내고 쓸 거 쓰고 나면 빠듯하다. 당신의 노후를 책임질 수 있는 힘을 얻으려면 돈이 돈을 벌도록 시스템을 만들어야 한다. 돈을 버는 원리를 이해하는 것이 부자와 빈자의 차이다.

당신이 공부를 통해 깨달은 복리의 마법을 얻을 수 있는 주식 종목들을 한 주씩 사라. 고정적으로 계좌에 돈이 들어갈 수 있도록 자동이체 등의 방법으로 무조건 일정하게 돈이 들어가게 하라. 그래야 복리의 마법을 효율적으로 누릴 수 있다. 경제·금융과 관련된 책 100권을 읽으며 하루하루 그 종목들이 어떻게 변하는지 지켜보라.

❹ **투자를 생활화하라.**

나는 조카들에게 용돈을 줄 때 돈으로 직접 주지 않는다. 주식 계좌에 돈을 입금해주고 내가 보는 앞에서 인덱스 펀드를 사게 한 후 앞으로 10년 동안은 절대 팔지 않겠다고 약속을 받는다. 당장 오늘 10만 원을 조카에게 줬지만 마치 몇백만 원을 준 기분이 든다.

이왕 줄 용돈이라면 이렇게 주자. 아이가 어릴 때부터 경제·금융에 대해서 배울 수 있으니 더 좋다. 나에게는 아무도 가르쳐주지 않았던, 그래서 너무나 화가 나는, 하지만 50세가 넘은 지금에라도 알게 돼서 너무 기쁜 방법, 돈이 돈을 버는 방법에 대해서 자연스럽게 알려주는 것이다. 세상에서 가장 값진 지혜를 선물하자.

술집에서 쓰려던 돈 5만 원으로 4만 원은 인덱스 펀드에 투자하고 1만 원으로 캔맥주랑 안주를 사 집에서 한잔하며 당신의 여유로운 노후를 상상해보라. 그 재미도 쏠쏠하다. 구두쇠가 되라는 얘기가 아니다. 써야 할 곳엔 써라. 하지만 돈을 아낄 수 있는 사소한 순간은 반드시 있다. 그 재미를 느껴보자. 혼자 큭큭 웃으며 캔맥주를 마시게 될 것이다.

❺ 수수료에 대한 공부를 꼭 하라.

장기 투자를 하기 위해서 투자 상품에 수수료가 얼마나 붙어 있는지 확인하라. 어렵겠지만 확인하려고 들면 할 수 있다. 단기 투자할 때와 장기 투자할 때, 직접 투자할 때와 간접 투자할 때, 국내에 투자할 때와 해외에 투자할 때 등 모든 수수료를 꼼꼼하게 분석하고 따져서 자신에게 가장 유리한 조건을 찾을 수 있어야 한다. 많은 사람들이 "나 이번에 투자해서 얼마 벌었잖아"라고 말할 때 수수료와 세금을 빼지 않고 얘기한다. 플러스로 버는 것보다 마이너스로 나가는 것을 먼저 챙겨야 한다. 공부가 반드시 필요하다.

Q. 나만의 투자 계명은 무엇인가?
A. 나만의 투자 원칙은
(　　　　　　　　　　　　　)이다.

3부

당신은 부를
가질 수 있는 사람인가

공부하고, 투자하라,
그리고 기다려라

2025년 새해 벽두부터 미국 주식에 대한 열풍이 불고 있다. 미국 주식과 관련된 책들이 종합 베스트 상위권에 올랐으며 40대, 50대가 집중적으로 책을 구매하고 있다는 기사를 읽었다.

나는 2022년에 처음으로 미국 주식에 투자했다. 『이 책은 돈 버는 법에 관한 이야기』를 쓰기 위해 주식을 공부했다. 나는 일단 모르는 분야가 있으면 책을 사는데, 이때 주식과 관련된 책을 10권 정도 샀다. 그리고 책이 시키는 대로 종목을 골라 투자했다. 이 주식은 지금도 가지고 있다. 난 이 주식을 2042년에 팔 것이다. 20년 후에 이 주식들이 내 노후에 엄청난 도움이 될 것이다.

미국 주식을 찬양하는 게 아니다. 내가 잘했다는 것도 아니다. 난 여전히 주식 초보다. 그래서 책에서 추천하는 가장 안정적인 방식(우량주, 혁신주를 장기간 보유)으로 투자한 것이다. 책을 읽기 전까지 ETF가 뭔지도 몰랐다.

다만, 책을 읽고 공부하면 얼마든지 수익을 얻을 수 있는 큰 시장이 있다는 사실을 알려주고 싶다. 공부하고, 투자하면 된다. 자신의 노동력과 시간을 일대일로 교환해서 버는 방식으로는 분명 한계가 있다.

\ 월급 안 쓰고 '10년' 모아야 서울에 집 산다… 전세는 '5.5년' 걸려 … 「국민일보」 2025년 1월 28일

\ 이자를 지불하는 것이 재산의 손실이 되는 사람이 있고 원금을 지불하는 것이 재산의 손실이 되는 사람도 있다. … 『가난한 리처드의 달력』 105쪽

투자자 우석이 쓴 책 『부의 인문학』에 이런 이야기가 나온다. A는 내 집 마련이 목표였다. 인용한 「국민일보」 기사 제목에서 보듯이 일반 직장인이라면 월급을 단 한 푼도 안 쓰고 10년을 모아야 겨우 서울에 집을 살 수 있다. 그래서 안 먹고, 안 입고, 남들 다 가는 해외여행 한 번 안 가고 악착같이 돈을 모았다. 그렇게 2억 원을 모았고, A는 뿌듯했

다. 열심히 산 것 같았고, 곧 부자가 될 수 있을 거라는 마음이 들었다. 그런데 B를 만나며 자신이 바보가 된 것처럼 느껴졌다. B는 쓸 거 다 쓰고, 때마다 해외여행도 가면서 놀던 친구였는데 그 친구가 빚을 내어 자기보다 일찍 산 집이 1년 만에 2억 원이나 올랐다는 이야기를 들었기 때문이다.

'투자'라는 말을 들으면 무서울 것이다. 내가 피땀 흘려 번 돈을 투자했다가 몽땅 날리면 어떡하지? 빚을 내서 집을 사고 투자하는 건 위험하지 않나? 겁부터 날 것이다.

그래서 공부해야 한다. 공부하면 일단 자기 스타일을 알게 된다. 공부해보고 자신이 도저히 투자 성향이 아닌 사람이라 느껴지면 그때 안 하면 된다. 나는 50년 동안 주식을 한 주도 산 적이 없다. 친구들이 왜 주식을 안 하냐고 물어보면 "너무 날로 먹는 거 같잖아"라면서 마치 노동만으로 돈을 버는 내가 정직하고 멋진 사람인 양 말했다. 바보였다. 지금 솔직한 마음은 '서른 살에 금융과 투자를 알았더라면 좋았을걸'이다. 공부해보니 50년간 투자를 몰랐던 스스로가 너무 바보처럼 여겨졌다.

자본주의 사회는 노동으로 돈을 벌고, 그 돈이 스스로 돈을 벌게 해야 한다. 그렇게 하지 않으면 영원히 월말에 통장 잔고가 0원이 되는 굴레를 벗어날 수 없다. 그리고 그렇게 해두어야 지치지 않는다. 노동만으로 돈을 벌면 지친다.

　여기저기 떠돌며 남들이 하는 말을 듣지 말고, 조용한 방에 홀로 앉아 책을 읽으며 스스로 판단하라. 주식을 한 주씩 사고 주가를 지켜보면서 실전 감각도 꽤 오랫동안 익혀야 한다. 배우면 누구나 할 수 있다. 치열하고 어렵게 공부하고 투자하면, 치열하고 어렵게 세고도 남을 만큼 수익을 얻을 수 있다.

　일단 경제 전반에 관련된 책 한 권과 투자에 대한 책 한 권을 구하라. 두 권을 동시에 읽으며 큰 이슈가 생길 때마다 주가가 어떻게 변하는지 공부하라. 금융과 투자에 대한 감각을 최소 3년은 익혀야 한다. 그러다보면 어느 순간 국내 뉴스보다 세계 뉴스를, 특히 미국 뉴스를 뚫어지게 보고 있는 당신을 발견할 것이다. 세상을 잘 읽으면 돈의 흐름을 따라갈 수 있다. 돈의 흐름을 따라가는 게 세상을 가장 잘 읽을 수 있는 방법이다.

Q. 어디에 투자할 것인가?
A. 나는 (　　　　　　　　　　)에
매월 (　　　　　　　　　　　)씩 투자하겠다.

당신의 '곰스크'는
어디에 있는가

내가 지금 있는 곳이 '곰스크'다. 독일 작가 프리츠 오르트만의 소설 『곰스크로 가는 기차』를 읽고 내린 결론이다. 『곰스크로 가는 기차』는 국내에 번역 출간되기 전부터 알음알음 알려진 작품이다. 우리나라에서는 〈MBC 베스트극장〉에서 드라마로 제작되기도 했다.

줄거리는 간단하다. 어린 시절부터 꼭 가보고 싶은 꿈의 장소 곰스크를 꿈꿔온 남자가 이제 막 결혼한 여자와 함께 곰스크를 향해 떠난다. 하지만 우연히 한 마을에 내리면서 그곳에 정착하려는 아내와 실랑이를 벌이기 시작하고, 결국 남자는 곰스크로 가지 못한다.

＼ 나는 곰스크로 갈 때를 대비해 항상 돈을 저축했다. 일이 년 후에 아이가 좀 더 자라면 출발하려고 했다. (중략) 돈도 충분히 모았다. (중략) 우리의 둘째가, 이번에는 여자아이가 태어나자 내 계획은 좀 더 뒤로 밀려났다. … **『곰스크로 가는 기차』 61~62쪽**

    남자는 곰스크로 가기 위해 돈을 모은다. 그러다 아이가 태어나 다음으로 미루고, 또다시 아이가 태어나 주저앉는다. 남자에게 곰스크는 막연하게 꿈꾸는 이상향이다. 그곳에 도착하면 문제가 다 해결될 것 같고 행복할 거라 믿는다.

    하지만 아니다. 지금 내가 있는 곳이 곰스크다. 두 남자가 계속해서 고도를 기다리는 장면을 그린 사뮈엘 베케트의 『고도를 기다리며』를 읽고서도 나는 유사한 결론을 내렸다. '고도'는 그 누군가가 아니다. 바로 '나'다. 고로 내가 지금 두 발을 딛고 있는 이곳이 낙원이고 나 자신이 구원자다.

    환경을 바꾸기 전에 시간에 만족해야 한다. 시간에 만족한다는 것은 '지금' '이곳'에 있는 '나'에게 만족한다는 뜻이다. 부를 가져야 행복할 수 있는 게 아니라, 지금 여기에 있는 내가 행복해야 마땅히 가져야 할 부를 가질 수 있다.

    우리는 목표를 달성해야 행복해진다고 배운다. 하지만 금메달은 한 개다. 모든 사람이 금메달을 딸 수는 없다. 메달을 따지 못할 정도로 설렁설렁하라는 말이 아니다. 최선을 다하되 목표에 얽매이지 말라는 것이다. 금메달을 따야만 행복하다고 믿으면 당장 오늘 하루가 행복하지 않다. 오늘이 행복하지 않다는 건 그 하루 동안 일에 최선을 다할 수 없는 상태라는 뜻이다. 『곰스크로 가는 기차』의 주인공 또한 곰스크로 가지 못하고 중간에 내린 마을에서 하루하루 짜증을 내며 일한다.

> "당신이 그 빌어먹을 책상을 어디에 두든지 나는 관심 없어. 당신도 알다시피 아무 관심도 없다고!"
> "왜 그렇게 소리를 지르는지 모르겠어요." … 『곰스크로 가는 기차』 31쪽

　이런 상태로 일하는데 부를 가질 수 있겠는가. 결국 주인공은 현실을 인정하고 지금 자기가 있는 곳에서 만족을 찾기 시작한다. 그러자 돈도 충분히 모이고 가족들도 행복해진다.
　언제든 곰스크로 떠날 수 있는 돈을 충분히 모았고 곰스크로 가는 기차도 일정한 시간에 오지만, 주인공은 그 기차를 타지 않는다. 인간이 행복하기 위해서는 가고 싶은 시간에 가고 싶은 장소에 갈 수 있어야 한다. 주인공이 가고 싶은 곳은 곰스크가 아니라 지금 자신의 두 발이 닿아 있는 마을인 것이다.

전 세계적인 베스트셀러 『시크릿』의 공동 저자인 제임스 아서 레이는 진정한 부에 이르기 위한 절대 조건에 관해 쓴 『조화로운 부』에서 마크 트웨인의 말을 인용해 이렇게 썼다.

\ "성공의 비결은 당신의 직업(vocation)을 휴가(vacation)로 만드는 것."
　… 『조화로운 부』 149쪽

지금 내가 있는 곳을 보자. 그곳을 곧 꿈의 장소로 삼자. 내가 지금 일하는 곳을 가고 싶은 시간에 가고 싶은 곳으로 만들자. 휴가 떠날 때처럼 설레는 마음으로 일터에 가서 일하면 마땅히 가져야 할 부는 당연히 따라온다. 부의 액수도 정할 필요 없다. 당신이 즐길수록 점점 더 커지기 때문이다.

Q. 나는 내 일터로 매일 설레며 출근하는가?
A. 난 매일 설레며 출근하기 위해
(　　　　　　　　　　　　　)를 한다.

변하지 않는
성공의 단 한 가지 법칙

　리처드 도킨스는 『눈먼 시계공』에서 "우리는 끊임없이 변화하는 유전자 프로그램의 산물이며, 이 프로그램은 매 순간 우리 몸 안에서 실행되고 있다"라고 했고, 빌 브라이슨은 『바디』에서 "당신은 지금 이 순간에도 수천만 개의 세포를 죽이고 있고, 또 그만큼 새로 만들고 있다. 당신의 몸은 그 자체로 하나의 공장이다"라고 말했다.

　우주의 기본 원리는 변화다. 모든 것이 매 순간 변한다. 인간도 마찬가지다. 매 순간 세포들이 죽고 다시 태어난다.

＼ 이 세상의 기본 입자들은 모두 하루살이 같은 짧은 삶을 불안해하며 계속해서

만들어지고 또 파괴되는 셈이지요. … 『모든 순간의 물리학』 65쪽

우주는 끊임없이 변화하며, 우리 또한 얼마든지 변화할 수 있다.

변화의 방향은 두 가지다. 성장과 퇴보. 어느 쪽으로 변할 것인지는 스스로 선택하면 된다. 당신은 어떤 쪽을 택할 것인가? 당연히 성장일 것이다.

그렇다면 이제 어떻게 성장할 것인가. 여러 가지 성장의 방법이 있지만 그중 최고의 방법은 독서다. 어제까지 몰랐던 새로운 세계가 책을 통해 열린다.

하루 10쪽이면 충분하다. 새로운 정보가 입력되면 우리 뇌는 새로운 생각을 하기 시작한다. 새로운 정보가 차곡차곡 쌓인 상태라야 길을 걷다 우연히 본 표지판에서 혁신적인 아이디어가 떠오른다. 등산 중 우연히 본 구름 모양에서 세상을 놀라게 할 아이디어가 떠오른다. 이러한 놀라운 우연은 책을 읽는 사람들에게만 일어난다. 독서를 통해 몸의 사령탑인 뇌를 성장시켜야 한다.

성장의 한자를 살펴보자. 成은 이룰 성, 長은 길 장이다. 여기서 주목할 곳은 장(長)이다. 길게, 오래도록이라는 뜻이다. 결국 성장이란 단번에 뭔가가 이루어지는 것이 아니다. 꾸준하게 무언가를 반복했을

때 성장할 수 있다.

우리가 게임에 중독되는 이유는 재미있기 때문이다. 하지만 한번 생각해보자. 게임을 처음 시작할 땐 솔직히 별로 재미가 없다. 캐릭터 레벨이 낮아서 힘도 능력도 없기 때문에 할 수 있는 게 없다. 그럼에도 우리는 참아내며 게임을 한다. 순간은 재미 없지만 꾹 참고 능력을 쌓아간다. 레벨업이 되었을 때의 쾌락을 위해서, 게임을 지배할 수 있는 능력이 생긴다는 사실을 알기 때문에 참고 열심히 한다.

독서도 마찬가지다. 처음 책을 읽을 땐 잠도 오고, 이걸 읽어서 무얼 하나 의심이 든다. 하지만 게임과 똑같다. 꾸준히 할수록 경험치가 쌓이고, 내면에 내공이 쌓일수록 위대해진다. 게임 속 캐릭터의 경험치는 게임 속에서만 위대하지만 독서의 경험치는 온 세상에서 위대한 힘을 발휘한다.

지금 당신이 가진 부는 마땅히 가져야 할 만큼이 아니다. 너무나 낮은 레벨의 경험치만큼만 가진 것이다. 독서를 통해 경험치를 높이고 저절로 따라올 부를 기다리자.

또 한 가지 성장의 법칙, 모든 팀원이 비슷한 수준으로 레벨을 끌어올려야 그 팀이 우승한다. 한 사람만 레벨이 낮아도 그 팀은 우승할 수 없다. 신문에 아직 우리나라가 중진국 수준이라는 기사가 나온다면 당신의 레벨 때문이다. 책임감을 가져라, 사명감을 가져라.

Q. 나는 성장하기 위해 무엇을 할 것인가?
A. 나는 매일 성장하기 위해
(   )을
(   )만큼 하겠다.

무한히
애쓸 수 있는 능력

『군주론』은 1500년대를 살았던 정치가 니콜로 마키아벨리가 쓴 책이다. 500여 년이 흐른 지금, 정치가는 물론 경영자에게도 고전으로 읽히는 『군주론』에 이런 말이 나온다.

> 자신을 다시 일으켜줄 사람이 있으리라 믿으면서 넘어지는 사람은 없습니다. 그런 일은 일어나지 않으며, 혹시 그렇게 되더라도 당신의 안전을 보장해줄 수는 없습니다. 그런 방어책은 비열할뿐더러 자신에게 의존하는 것이 아니기 때문입니다. 훌륭하고 확실하며 지속적인 유일한 방어책은 바로 자신과 자신의 역량에 의존하는 것뿐입니다. … 『군주론』 166쪽

마키아벨리는 세상을 다스리는 군주가 되기 위해 역량과 행운을 이야기한다. 둘 중 역량이 먼저다. 누군가 나를 세워줄 거라는 행운을 기대해서는 안 된다. 심지어 마키아벨리는 그러한 책략은 자기 능력 밖에 있는 것에 의존하기 때문에 '비겁한 것'이라고 말한다. 노력하지 않는 자에게 행운이 따라올 리 없다. 스스로 노력해서 얻은 역량만이 효과적이고, 확실하며, 영구적이다. 요행을 바라지 말고 묵묵하게 역량을 쌓아가야 한다.

19세기 미국 속담에 "천재는 무한히 애쓸 수 있는 능력이다"라는 말이 있다. 천재는 세상에 없는 놀라운 창조를 해내는 사람이 아니다. 그런 창조물은 저절로 생겨난다. 어떻게 생겨날까? 꾸준히 노력하는 사람에 의해서 생겨난다. 결국 천재는 '의심하지 않고 방황하지 않고 자신을 믿으며 무한히 앞으로 나아가는 사람'을 의미한다.

그렇다면 무한히 앞으로 나아가는 힘은 어떻게 생겨날까. 자기 자신에 대한 의심이 없어야 한다. 우리는 결과물이 없는 노력을 무의미하다고 생각하지만 천재는 그렇지 않다. 천재는 결과물을 신경 쓰지 않는다. 천재는 결과가 당연히 좋으리라는 믿음을 가지고 있다. 이런 믿음을 가지고 무한히 노력하다보면 위대한 결과물이 저절로 생겨난다. 이것이 창조의 원리다.

돈을 버는 것도, 책을 읽는 것도 마찬가지다. 책을 읽는다고 당장 달라지는 건 없다. 하지만 천재는 안다. 책을 읽으면 당연히 어떤 결과물이 따라온다는 사실을. 당장 돈이 벌리지 않아도 조급해하지 않는다. 반드시 돈이 따라올 줄을 믿는다. 조급해할수록 돈이 도망간다는 것도 안다. 이런 원리를 아는 사람을 천재라 한다.

한 번쯤은 실내에서 식물을 키워본 적이 있을 것이다. 화분에 심겨 있는 식물들은 최선을 다해 햇빛이 있는 곳으로 팔을 뻗는다. 잠시도 쉬지 않고 태양을 향해 무한히 애를 쓴다. 길을 가다 개미를 보아도 그렇다. 망설이지 않는다. 그저 자신에게 주어진 길을 무한히 걷고 또 걷는다. 이런 존재를 천재라고 한다. 인간도 모두 천재로 태어났다. 다만 '빨리' '쉽게' 무언가를 얻어내기 위해 천재이기를 포기했을 뿐이다.

하루아침에 식물이 쑥 자라지 않는다. 개미집이 한순간에 뚝딱 지어지지 않는다. 시간과 순서를 이해하고 묵묵하게 앞으로 나아가야 한다. 천재의 시간이 지루하거나 기다려야 하는 시간인 게 아니다. 이들의 속도가 정상이다. 천재가 아닌 사람들의 시간이 너무 빠른 것이다. 우주의 속도를 위반하는 것이다. 천재란 자신에게 주어진 속도와 시간을 정확하게 아는 사람이다.

니체가 말한 초인(超人)의 사상적 뿌리인 랄프 왈도 에머슨은 『자기신뢰』에서 이렇게 말했다. "세상에서 가장 위대한 일은 자기 자신을 믿는 것이다." 의심하지 않고 앞으로 나아가는 사람이 진짜 천재다.

마땅히 가져야 할 부를 가지기 위해 서두르면 안 된다. 서두르면 작은 부를 가지게 된다. 남들과 비교하지 말고 내게 주어진 시간을 느껴보라. 천재는 자신의 꽃을 언제 피워야 할지를 아는 사람이다. 너무 일찍 꽃을 피우면 꽃샘추위에 얼어 죽는다.

Q. 나는 나 자신을 얼마나 믿는가?
A. 나에 대한 신뢰를 높이기 위해
(　　　　　　　　　　　) 능력을 기른다.

돈 버는 습관:
어떤, 행위를, 저절로

돈 버는 것도 습관이다. 예컨대 한 달에 300만 원을 번다면 그 사람은 300만 원을 버는 습관을 지닌 사람이다. 한 달에 1,000만 원을 넘게 버는 사람은 1,000만 원 버는 습관이 몸에 배어 있는 것이다. '습관'이라는 단어를 사전에서 찾아보자.

\ **습관(習慣)** … 어떤 행위를 오랫동안 되풀이하는 과정에서 저절로 익혀진 행동 방식

습관이란 '어떤' 행위를 오랫동안 되풀이하는 거다. 마땅히 가져야

할 부를 갖기 위해 어떤 행위를 되풀이해야 할까? 바로 '긍정적인 생각'이다. 기회를 만났을 때 어떤 이는 '이러이러해서 할 수 있겠다'라고 생각하고, 어떤 이는 '이러이러해서 할 수 없겠다'라고 생각한다. 습관적으로 할 수 있는 방법을 찾는 사람이 있고 습관적으로 할 수 없는 방법부터 찾는 사람이 있다.

개그맨 최양락 선배는 아이디어 회의를 할 때 국어사전을 아무 곳이나 펼치는 동시에 손가락으로 한 단어를 딱 찍는다. 그리고 그 단어로 아이데이션(아이디어를 얻기 위하여 행하는 모든 활동)을 시작한다. 한번은 왜 그렇게 하는지 물었더니 선배는 이렇게 대답했다.

"내가 어떤 단어로도 무조건 웃길 수 있다고 믿고 시작하는 거야."

최양락 선배의 습관은 그 뒤로 내가 코미디를 할 때 지배적인 역할을 했다. 주변에서 "에이, 그건 이미 유행이 지나갔잖아요"라며 포기할 때에도 그 아이디어를 버리지 않았다. 대신 어떤 상황에서도 무조건 웃길 수 있다고 믿었다.

그 습관을 다른 곳에도 적용하기 시작했다. 낚시를 갈 때도 무조건 오늘 잡을 수 있다고 생각한다. 물론 한 마리도 못 잡을 때가 많다. 하지만 시작부터 '오늘은 날씨가 추워서 고기가 안 물 거야'라고 생각하며 출발하면 발걸음이 즐겁지 않다. 그런 생각을 품고 있으면 낚시를 열심히 하지도 않는다. 고기가 안 물면 금세 '거봐, 내가 그럴 줄 알

앉어'라며 쉽게 포기한다. 허세라 할지라도 "남들은 못 잡아도 난 잡을 수 있어"라고 말하는 사람들이 결국 물고기를 잘 잡는다. 돈도 마찬가지다. '어떤 상황에서도 돈을 벌 수 있어'라고 생각해야 한다.

\ **습관(習慣)** … 어떤 행위를 오랫동안 되풀이하는 과정에서 저절로 익혀진 행동 방식

다시 습관의 뜻을 보자. 이번에 주의해서 봐야 할 단어는 '행위'다. 어떤 '생각'을 되풀이하는 게 아니라 어떤 '행위'를 되풀이해야 습관이 생긴다.

'나는 무조건 돈을 벌 수 있다'라고 생각만 해서는 안 된다. 그 생각을 행동에 옮기고 그 행동을 반복해야 한다. 꽤 많이 실패할 것이다. 그래도 계속 되풀이해야 한다. 그러다보면 조금씩 승리하고 그 행위가 반복될수록 이기는 습관이 생긴다.

내가 독서를 본격적으로 시작했을 때, 한 달 안에 1,000만 원을 벌고 나면 나머지 날들은 돈을 벌지 않고 책을 읽겠다는 목표를 세웠다. 처음엔 1,000만 원을 버는 데 한 달이 넘어갔다. 그래도 할 수 있다는 믿음으로 계속 방법을 찾았다. 얼마 지나지 않아 25일 만에 1,000만 원을 벌었고 나머지 5일은 책만 읽었다. 이후엔 15일 만에, 10일 만에,

심지어 어떤 달엔 3일 만에 1,000만 원을 벌었고 나머지 27일은 책만 읽었다.

유일하게 마음대로 조절할 수 없었던 게 술이었다. 내게는 모든 걸 할 수 있다는 긍정 마인드가 있는데, 술을 끊는다고 생각할 때만 '이러이러해서 못 할 거야'라는 마음이 튀어나왔다. 그런데 지금 두 달 넘게 술을 안 마시고 있다. 늘 금주를 포기하게 만들었던, 술을 마실 수밖에 없었던 모임에 가서 이렇게 선언해버렸다.

"나 내년 3월까지 술 못 마셔."

"왜 어디 아파?"

친구들이 묻는다. 나는 3초 정도 아무 말도 하지 않았다.

"그래그래, 술 마시지 마. 얘들아, 명환이 오늘 술 못 마신대. 술 주지 마."

"왜 명환이 어디 아프대?"

"그냥 묻지 말고 술 주지 마."

대화는 이렇게 자연스럽게 흘러갔고 나는 술을 안 마셔도 되는 자리가 됐다. 그 이후에도 늘 같은 패턴으로 술을 마시지 않았다. 술을 그렇게나 좋아했는데 두 달 넘게 술을 안 마셨더니 지금은 술을 마시고 싶다는 욕구마저 사라졌다. 습관이다. 습관이 이렇게 무섭다.

할 수 없다고 믿으면 절대 움직여지지 않는다. 움직이지 않으면 돈은 생산되지 않는다. 핑계가 습관이다. 핑계를 찾기 시작하면 한도 끝도 없다. 핑계는 왜 생기는가? 에너지가 부족하기 때문이다. 박차고 나갈 에너지가 부족하면 핑계부터 생각한다. 우리 뇌의 구조가 그렇다. 항상 에너지를 충전할 수 있는 방법을 찾아라. 복잡하지 않다. 둘 중 하나를 선택하면 된다. 이러이러해서 할 수 있겠다 vs 이러이러해서 할 수 없겠다.

독자 여러분이 뭘 선택했는지 너무도 잘 알겠다. 축하한다. 여러분은 이제 마땅히 가져야 할 부를 가질 수 있는 습관을 장착했다. 그저 반복하기만 하라. 모든 건 저절로 따라온다.

\ **습관(習慣)** … 어떤 행위를 오랫동안 되풀이하는 과정에서 저절로 익혀진 행동 방식

Q. 나는 어떤 돈 버는 습관을 가질 것인가?
A. 나만의 (　　　　　　　　　　)한 비밀 습관을 가지겠다.

일론 머스크에게는 있고, 당신에게는 없는 것

월터 아이작슨은 일론 머스크의 전기를 쓰며 첫 페이지에 이런 문장을 썼다.

＼ 그가 상상하면 모두 현실이 된다. … 『일론 머스크』 면지

일론 머스크가 했던 상상은 모두 현실이 됐다. 아니다. 현실이 '된' 것이 아니라 현실로 '만들었다'. 상상만 하고 가만히 있었는데 저절로 상상이 현실이 되었을 리 없다. 이 문장을 다시 써보자.

\ 그가 상상했고 간절히 노력해서 현실로 만들었다. … **명환 생각**

상상이 현실이 되려면 반드시 행동이 동반되어야 한다. 행동 없이 간절히 바라기만 한다고, 시각화한다고, 긍정 확언으로 외친다고 현실이 되는 것이 절대 아니다. 일론 머스크는 일주일에 7일 동안 하루 17시간씩 일하는 걸로 유명하다. 하루에 17시간씩 일하는 행동이 동반되는 것이다. '상상 + 행동 = 현실'이다.

머리로만 간절히 바라는 것은 '간절히'가 아니다. 그냥 바라는 것일 뿐이다. 간절히 책에서 찾고, 간절히 공부하고, 간절히 회의하는 행동이 동반되어야 현실이 된다. 간절히 사랑하는 이성과 결실을 맺으려면 만나야 한다. 만나서 사랑을 고백하고, 데이트도 하고, 밥도 같이 먹어야 현실이 된다.

일론 머스크는 대학 시절 전기차에 관심이 많았다. 머스크와 함께 펜실베이니아대를 다녔고 테슬라의 사업개발 부사장을 지냈던 로빈 렌은 『일론 머스크』를 통해 머스크와의 일화를 소개했다. 머스크는 푸드 트럭에서 점심을 급히 해결하고 캠퍼스 잔디밭에서 쉴 때면 늘 배터리에 관한 학술 논문을 읽었다고 한다. 또 일론 머스크는 독서광으로도 유명한데, 렌은 머스크가 『은하수를 여행하는 히치하이커를 위한 안내서』에서 묘사한 '생명과 우주 그리고 모든 것'에 몰두하기를 좋아했다고 전했다.

일론 머스크는 '스페이스X'를 만들어 민간기업 최초로 민간인을 우주에 보냈다. '테슬라'는 전기자동차 시대의 신호탄을 쏘아 올렸다. 일론이 상상을 현실로 만들 수 있었던 가장 확실한 행동은 '독서'였다. 상상만 하고 현실로 만들지 못하는 사람은 독서라는 행동을 동반하지 않았기 때문이다. 이제 '간절히'를 상상에 붙이지 말고 독서에 붙이자.

우리는 고통에 직면했을 때 상상을 한다. '매일 아침 출근하는 게 너무 힘들다. 즐겁게 출근하려면 어떻게 하면 될까?' '불경기 속에서도 우리 회사가 성장하려면?' '퇴직 후 인생의 후반전을 아름답게 살고 싶다. 그렇다면?'

이 모든 상상을 현실로 만드는 방법은 간단하다. 이 질문들을 가슴에 품고 서점에 가서 책을 골라 읽으면 된다. 간절히 찾아서 간절히 읽어야 한다. 물론 독서 없이도 상상을 현실로 만들 수는 있다. 하지만 만약 일론 머스크가 독서 없이 전기차 회사에 취업해서 오직 경험을 통해 테슬라를 만들었다면 독서 경험을 통해 만든 시간보다 훨씬 많은 시간을 투자해야 했을 것이다.

여러분은 상상을 현실로 만들기 위해 간절히 무엇을 하고 있는가? 읽고, 생각하고, 행동하면 현실이 된다. 그 어떤 방법보다 실패가 없는 가장 확실한 방법이다.

스티브 잡스는 "자신이 세상을 바꿀 수 있다고 믿을 정도로 미친 사람들이 결국 세상을 바꾼다"라고 말했다. 잡스는 '간절히'를 '미친'으로 표현했다. 결국 같은 말이다.

Q. 내가 상상하는 것은 무엇인가?
A. 나는 (　　　　　　　　　)을 상상하고 상상을 현실로 만들기 위해
(　　　　　　　　　　　　)을 한다.

호리병이 아닌 대접에 담을 것

사실 우리 몸은 텅 비어 있다. 우리 몸은 원자로 이루어져 있는데 원자의 99.9퍼센트가 비어 있기 때문이다.

원자는 물질을 이루는 가장 기본 단위다. 우리 몸도 원자로 이루어져 있다. 원자는 한 개의 원자핵과 그 주위를 돌고 있는 여러 개의 전자로 이루어져 있는데, 원자핵이 차지하는 공간은 0.1퍼센트에 불과하다. 그러니 나머지는 모두 텅 빈 공간이다.

재미있는 건 텅 빈 곳이 있어야 원자가 비로소 존재한다는 점이다. 텅 빈 것의 의미. 노자도 같은 메시지를 전한다.

\ 열한째 장

삼십 개의 바큇살이 하나의 곡에 모이는데,

그 텅 빈 공간이 있어서

수레의 기능이 있게 된다.

찰흙을 빚어 그릇을 만드는데,

그 텅 빈 공간이 있어서

그릇의 기능이 있게 된다.

문과 창문을 내어 방을 만드는데,

그 텅 빈 공간이 있어서

방의 기능이 있게 된다.

그러므로 유는 이로움을 내주고,

무는 기능을 하게 한다.

… 『노자의 목소리로 듣는 도덕경』 97쪽

노자가 말했다. 찰흙으로 그릇을 만드는데, 텅 빈 공간이 있어서 그릇의 기능이 있게 된다고. 생각해보면 정말 그렇다. 그릇이 존재하려면 흙으로 만든 그릇의 뼈대가 있어야 하고, 나머지는 비어 있어야 한다. 빈 곳을 흙으로 다 채우면 그것은 그릇이 아니라 그냥 흙덩어리다.

방 역시 마찬가지다. 문과 창과 벽이 있고, 그 안에 텅 빈 곳이 있어야 방이다. 비어 있는 데를 문과 창틀과 벽으로 꽉 채우면 그건 방이 아니라 그냥 물건들이 쌓여 있는 덩어리다.

돈을 벌려면 이 '텅 빈 공간'을 이해해야 한다. 돈을 많이 벌고 싶다면 돈을 담을 수 있는 빈 곳을 많이 가져야 한다. 이는 곧 '돈 그릇을 키운다'는 말이다.

돈을 좇는 사람의 그릇은 바닥에서 위로 올라갈수록 좁아지는 호리병처럼 생긴 그릇이다. 좁아지다 좁아지다 욕심이 과해지면 그 좁은 호리병 구멍에 뚜껑마저 생긴 형국이다. 구멍을 뚜껑으로 막아버렸으니 더 이상 돈이 들어올 자리가 없다.

돈을 제대로 버는 사람의 그릇에는 텅 빈 공간이 있다. 바닥에서 위로 올라갈수록 주둥이가 넓어지는 그릇의 모양이다. 위로 갈수록 주둥이가 넓어지니 품을 수 있는 공간도 점점 커지는 것이다. 돈을 제대로 버는 방법이다.

반드시 빈 곳을 만들어야 한다. 이런 모양의 돈 그릇을 만드는 방법이 바로 『그리스인 조르바』에서 조르바가 말한 "나를 구하는 유일한 길은 남을 구하려고 애쓰는 것"이다.

위로 갈수록 통로를 막는, 오므라드는 호리병 속에 돈을 꼭꼭 숨기듯이 돈을 버는 게 아니라 대접처럼 위로 갈수록 넓어져 돈이 자유롭게 넘나들게 해야 한다.

성공하고 존경받는 기업가들의 돈 그릇은 모두 대접처럼 생겼다. 자기 이익을 먼저 챙기는 호리병이 아니라 고객 감동을 우선으로 하는 대접 같은 그릇인 것이다. 사방으로 남을 구하려고 애쓰는 마음이 대접 그릇의 모양이다. 남을 구하고 고객을 감동시킬수록 이 그릇은 점점 커지고 주둥이가 넓어져 돈을 담을 수 있는 공간이 무한대로 늘어난다.

이것이 바로 물처럼 돈이 흐르게 하는 선순환의 원리다. 남을 위해 내 것을 먼저 내어주면 그릇이 커지고, 커진 그릇에 돈이 저절로 채워진다.

밤하늘의 수많은 별은 우주가 주는 텅 빈 곳이 있기 때문에 존재할 수 있다. 비어 있는 곳 없이 별들만 있는 모습을 상상해보라. 상상조차 할 수 없다. 상상 또한 빈 곳이 있어야 그림이 그려진다. 밤하늘에 반짝이는 별들만큼 돈을 벌고 싶은가? 그렇다면 수많은 돈이 반짝일 수 있도록 당신 안에 텅 빈 공간을 만들어라.

자, 눈을 감고 노자가 말하는 '무'와 '유'를 생각해보자. 당신은 이미 모든 사람의 아픔을 품어줄 수 있다. 당신은 원래 텅 비어 있는 사람이다.

Q. 나의 돈 그릇은 어떤 모양인가?
A. 현재 내가 담을 수 있는 돈 그릇은
(　　　　　)이고, (　　　　)년 후 담을 수 있는
돈 그릇은 (　　　　　)이다.

미래를 예측하는 법

 당신의 몇 년 후 미래까지 예측할 수 있는가? 5년 후, 10년 후의 당신 모습이 보이는가?

 과거에는 나 역시 미래가 보이지 않았다. 한 달 후의 내 모습조차 볼 수 없었다. 그때 내 통장은 월말이 되면 늘 0원이 됐다. 불안했다. 그저 이번 달 카드값만 무사히 막으면 된다는 목표뿐이었다. 다른 미래는 생각하지 않고 살았다.

 항상 불안했다. 매년 우울증이 찾아와 짧으면 3주, 길면 3개월 동안 나를 괴롭혔다. 우울증을 극복하기 위해 시작한 게 바로 '긍정 확언' 이다. 매일 반복해서 외치는 힘은 대단했다. 우울증이 사라진 것은 물론, 생각지 못한 영상 수입까지 생겼다. 날마다 긍정 확언을 외치고 꾸준히 책을 읽었더니 23년 후를 예측할 수 있게 됐다.

23년 후, 내 나이 76세가 되는 날이면 긍정 확언을 10,000일째 하는 날이다. 그날, 전 세계인들이 나의 10,000일 기념식을 축하해주는 모습이 보인다. 또 99살까지 매년 책을 한 권씩 쓰는 모습도 보인다. 메밀국수 사업은 내가 죽은 후에도 계속 번창하여 100년 기업으로 성장하는 모습도 예측된다.

> 5년, 10년, 15년 후의 일을 예측하는 것은 언제나 '추측'에 지나지 않는다. 하지만 '사려 깊은 추측'과 '육감에 의한 추측' 사이에는, 그리고 가능성을 따져본 후 합리적인 평가에 기초한 추측과 단순히 도박에 지나지 않는 추측 사이에는 많은 차이가 있다. … 『경영의 실제』 138쪽

현대 경영학의 창시자 피터 드러커가 1954년 출간한 『경영의 실제』는 경영의 바이블과 같은 책이다. 이 책에서 피터 드러커는 미래를 예측하는 것에 대해 말한다. 육감에 의한 추측은 예측이 아니다. '이 주식이 오를 것 같아, 그냥 느낌이 그래'라고 말하면서 투자하는 건 도박과 같다. 하지만 사려 깊은 추측, 그 가능성을 따져본 합리적 평가에 기초한 추측은 '예측'이다.

독서 경험이 쌓일수록 글을 쓰는 내 모습이 보였다. 최고의 개그맨이 되는 것이 미래라고 생각했는데, 아니었다. 어느 순간 글을 쓰고 있는 나를 발견했다. 그리고 그 예측이 맞았다. 나는 지금 여섯 번째 책을 쓰고 있고, 앞으로 46년 동안은 매년 책을 한 권씩 쓰는 내 모습이 또렷하게 예측된다. 난 52권의 책을 쓸 것이고 운이 좋으면 55권까지 쓸 수 있을 것이다. 내가 평생 가야 할 방향 중 하나로 작가의 길을 찾은 것이다.

이 책을 읽는 동안 문득문득 당신의 미래가 예측될지도 모른다. 또렷이 보이지 않는다고 조급해하지 마라. 때가 되면 너무도 선명하게 보인다. 그것이 피터 드러커가 말한 사려 깊은 추측, 합리적 평가에 기초한 추측이다.

100세가 넘은 나이에도 강의를 하는 김형석 교수님의 모습에서 내 미래를 읽었다. 100세에도 쩌렁쩌렁한 목소리로 강의하는 내 모습이 사려 깊은 추측, 합리적인 평가에 기초한 추측으로 봐도 확실하게 보인다.

확실한 미래를 예측하는 또 하나의 방법은 그 예측이 이뤄지도록 장치를 미리 만드는 것이다. 나는 독서, 긍정 확언, 글쓰기, 강의를 꾸준히 하고 있다. 이 네 가지는 평생 할 수 있다는 확신이 생겼다. 그렇다면 나의 미래 중 네 가지는 정확하게 예측할 수 있는 것이다. 이렇게 꾸준히 뭔가를 할 수 있는 자기만의 장치를 만들면 그 분야의 미래를 선명하게 예측할 수 있다. 1년만 꾸준히 반복해봐라. '미래는 내가 만든다'라는 흔한 말이 이런 원리다. 인간이 그려나갈 무늬를 읽는 시선과 꾸준한 행동이 더해지면 10년, 30년, 50년 후의 자기 모습을 정확하게 예측할 수 있다.

내가 예측한 것이 모두 이뤄지는 세상. 얼마나 신나는 세상인가! 충분히 할 수 있다. 보려고 하지 않아도 저절로 보일 것이다.

Q. 1년 후 나는 어떤 모습인가?
A. 1년 뒤 나는
(   )로 변해 있을 것이다.

근로 소득을
높이는 방법

근로 소득에 대해 이야기해보자. 『유시민의 경제학 카페』에 야구 선수 박찬호의 노동과 거리 청소원의 노동을 비교하는 이야기가 등장한다.

> 자본주의 경제체제는 오로지 기여의 원리를 적용한다. (중략) 시장에 자본을 제공하는 사람은 이자와 임대료, 배당 따위의 재산소득을 얻는다. (중략) 노동력을 시장에 제공하는 사람은 근로 소득을 얻는다. 근로 소득의 크기는 그 노동에 대한 시장의 평가와 노동량에 달려 있다. 야구 선수 박찬호의 노동과 거리 청소원의 노동에 대한 시장의 평가는 비교할 수 없을 정도로 차이가 있다.

> 높은 근로 소득을 원하는 자는 시장이 큰 가치를 부여하는 기능을 길러야 한다. … 『유시민의 경제학 카페』 119쪽

박찬호가 제공하는 노동은 공을 던지는 것이다. 청소원이 거리를 깨끗하게 청소할 때보다 박찬호가 공을 던질 때 훨씬 많은 돈을 준다. 근데 만약 야구라는 스포츠가 아예 없는 세상을 상상해보자. 그렇다면 당연히 박찬호가 아무리 공을 던져도 돈을 주지 않을 것이다. 야구라는 시장이 존재해야 박찬호가 던지는 공이 돈이 되는 것이다. 손흥민의 축구도, 김연아의 피겨스케이트도, BTS의 노래도 마찬가지다. 시장이 없으면 소용이 없다.

만약 우리가 근로 소득으로 큰돈을 벌고 싶다면 유시민 작가의 말처럼 시장이 큰 가치를 부여하는 기능을 길러야 한다. 은퇴하는 것은 시장이 부여하는 가치가 없어졌다는 뜻이다. 그래서 은퇴한 이들은 다시 자격증을 딴다. 자격증을 획득하면 어느 정도 가치가 생긴다고 보기 때문이다.

시장이 중요하다. 자신의 가치를 인정받을 수 있는 시장을 찾아야 한다. 나이가 들수록 야구, 축구, 수영, 노래, 춤 등은 배울 수 없다. 아니 배우는 건 가능하지만 돈을 벌 수 있을 만한 기능을 가질 수는 없다. 돈이 되는 시장인 줄은 알지만 동시에 내가 할 수 없는 시장이라는

사실도 안다. 그렇다면 나이가 들어도 박찬호 선수만큼 가치를 인정받을 수 있는 시장이 과연 있을까? 있다. 책과 인터넷 세상이다.

박찬호 선수는 전성기 시절에 시속 160킬로미터에 가까운 구속의 공을 던졌다. 나이를 먹으면서 공의 속도는 점점 느려졌고 지금은 야구 선수에서 은퇴했다. 어떤 야구 선수도 나이를 이길 수는 없다.

하지만 책은 다르다. 책은 시간이 지나 나이가 들수록 시장이 부여하는 가치가 높아진다. 책을 읽으면 '나'라는 토지가 비옥해진다. 책을 읽기 전에는 씨앗을 한 개 심으면 한 그루의 나무가 자랐는데, 책을 읽은 후에는 씨앗 하나에 여러 그루의 나무가 자란다. 당연히 시장은 후자에 높은 가치를 부여하고 돈을 많이 줄 것이다. 책이 쌓이면 돈도 쌓인다.

처음에는 우상향으로 다소 완만하게 올라가다가 어느 순간이 지나면 책이 쌓이는 속도보다 돈이 쌓이는 속도가 가파르게 상승한다. 그래프가 거의 직각으로 상승하는 것이다. 나이와 시장이 부여하는 가치가 시간이 지날수록 동시에 커지는 유일한 기능이다.

\ 맬더스의 인구론의 메시지는 너무나 단순명백한 것이었다. 인구는 기하급수적으로 증가하는데 식량은 산술급수적으로 증가한다면 어느 시점에선가 반드시 파국이 찾아든다. 전쟁, 살육, 기근, 전염병 같은 것이다. 일하는 사람이 기하

급수적으로 증가하는데 식량은 산술급수적으로 증가하는 것은 토지가 제한되어 있기 때문이다. … 『유시민의 경제학 카페』 67쪽

눈에 보이는 토지는 유한하다. 그렇기 때문에 기하급수적으로 증가하는 인구를 따라갈 수가 없다. 언젠가 파국을 맞이한다. 게다가 눈에 보이는 토지는 돈을 주고 사야 한다. 심지어 너무 비싸다.

하지만 우리에게는 눈에 보이지 않는 토지가 있다. 심지어 무료다. 누구나 무한대로 가질 수 있다. 바로 인터넷 세상이다. 부를 늘리려면 인터넷 세상의 토지를 반드시 가져야 한다. AI, 유튜브, 아마존, 이베이, 블로그, 애드센스 등의 토지를 개간하자. 그야말로 내 언어의 한계가 내 세계의 한계이고, 내 공간의 한계가 내 부의 한계다.

책과 인터넷만 정복하면 당신은 박찬호 선수의 연봉을 뛰어넘을 수 있다. 심지어 나이를 먹을수록 연봉이 높아진다. 정말 신나는 일이다. 당장 뛰어들자. 한 손에는 책을, 다른 손에는 컴퓨터를 들어라. 당신이 세상을 지배할 무기다.

Q. 부를 위해 내게 필요한 언어는 무엇인가?
A. 지금 내게 필요한 언어는 (　　　　)이다.

'이곳'에서 '저곳'으로 넘어가는 원리

"아이고 지긋지긋하다. 지긋지긋해. 언제까지 여기서 이러고 살아야 하나?"

어린 시절, 어른들이 이런 말을 하는 걸 자주 들었다. 지금 자신이 살고 있는 곳, 자신이 처한 상황이 100퍼센트 마음에 드는 사람은 거의 없을 것이다. 그런데도 다른 곳으로 옮겨 가지도, 처한 상황을 바꾸지도 못한다. 그저 신세 한탄만 할 뿐.

상황을 바꾸지 못하는 첫 번째 이유는 용기가 없기 때문이다. 지금 있는 곳이 마음에 들지 않지만 괜히 옮겨 갔다가 더 안 좋은 곳으로 갈 수도 있다는 점이 두렵다. 두 번째 이유는 현재가 익숙하기 때문이다.

마음에 들지 않지만 낯설고 새로운 곳에 가서 적응할 생각을 하니 귀찮다. 그러니 당연히 바뀌지 않는다. 계속 지긋지긋하게, 거기서 그렇게 살아야 한다.

백범 김구 선생은 "내 힘으로 할 수 없는 일에 도전하지 않으면, 내 힘으로 갈 수 없는 곳에 이를 수 없다. 사실 나를 넘어서야 이곳을 떠나고, 나를 이겨내야 그곳에 이른다."라고 말했다.

만약 당신이 "이 나이에?"라고 말한다면, 진짜 늦는다. "내가 어떻게?"라고 말하는 순간, 진짜 불가능해진다. 내 능력의 한계를 남이 규정할 수는 없다. 오직 나만 규정한다. 김구 선생의 말처럼 '내 힘으로 할 수 없는 일에 도전하지 않으면' 영원히 그곳에 다다를 수 없다.

자, 그럼 이제 '이곳'에서 '저곳'으로 넘어가기 위한 원리를 알아보자. 일단 지금 내가 저곳으로 넘어갈 수 없는 이유는 이곳에 있을 수밖에 없는 만큼의 능력을 가졌기 때문이다. 그렇다면 지금의 능력에 다른 능력을 추가해야 저곳으로 넘어갈 수 있다. 지금까지 못 넘어갔는데 간절히 바라기만 한다고 넘어갈 수 있는 것이 아니다. 내 그릇을, 능력을 키워야 한다. 성장해야 하는 것이다. 그렇다면 먼저 자신의 한계를 깨뜨려야 한다. 어떻게? 행동으로!

\ 세계에서 필요한 것은 행(行)이지, 앎 자체가 아닙니다. 행하면 반드시 알게 되

지만, 앎은 행으로 이어지지 않을 수 있습니다. … 『건너가는 자』 171쪽

알면서 행동에 옮기지 않는 사람이 가장 안타깝다. 그들은 행동은커녕 그다음 얘기를 들으려 하지 않는다. 절대 저곳으로 넘어갈 수 없는 사람들이다. 사실 우리는 어떻게 살면 성공하고 돈도 많이 벌 수 있는지 이미 알고 있다. 아는 내용을 행동으로 옮길 수 있는 동력이 없는 것이다. 동력은 어디에서 오는가? 반복이다!

\ 반복은 리듬이고 리듬에는 감동을 일으키는 힘이 있습니다. 반복하고 반복하면 감동이 일어나고, 감동이 일어나면 변화가 일어납니다. … 『건너가는 자』 300쪽

꾸준한 반복이 답이다. 이 또한 이미 우리가 알고 있는 진리다. 그렇다면 어떻게 이걸 해낼 수 있을까? 쉽고 간단해야 한다!

그래서 나는 앞서 소개했던 '10쪽 독서법'을 만들었다. 하루에 네다섯 시간씩 책을 읽지 말자. 금방 지쳐서 독서 자체를 포기하게 된다. 하루 종일 길게 읽는 것보다 짧게 여러 날을 반복하는 것이 훨씬 독서 효과가 크다. 날마다 10쪽씩만 꾸준히 읽어보자. 매일 하기 힘들다면 1년에 딱 100번만 그렇게 읽자. 265일은 건너뛰어도 된다. 이런 식으

로 쉽게 목표를 세워야 행동으로 옮길 수 있는 동력을 얻는다.

\ 반복은 차이를 만들고, 지속은 수월성을 만들어냅니다. … 『건너가는 자』 295쪽

더도 말고 문학, 철학, 과학 분야의 책을 한 권당 10쪽씩, 하루에 30쪽을 꾸준히 반복해서 읽으면, 당신은 탈출하고 싶었던 이곳에서 벗어나 꿈에 그리던 저곳으로 건너갈 수 있다. 단순하게 반복하라. 반복이 곧 행동이다.

\ 반복한다는 것은 행동한다는 것이다. … 『차이와 반복』 24쪽

Q. '저곳'으로 가기 위해 무엇을 깨뜨려야 하는가?
A. 내가 깨뜨려야 할 나의 행동(생각)은
(　　　　　　　　　　　　　　　)이다.

뻔하게 사는 게
정답이다

　우린 이미 모든 걸 알고 있다. 자기 안에 모든 것을 가지고 있다. 더 추가할 필요도 없고 추가할 수도 없다. 이미 꽉 차 있기 때문이다.
　배움은 무언가를 추가하는 것이다. 그런데 자기 안에 빈자리가 없다. 빈자리가 없는데 추가하려면 덮어 씌워야 한다. 깨끗하고 맑은 원래의 '나' 위에 인위적인 것이 씌워지면 오히려 깨달음을 방해한다. 나 역시 34년을 그렇게 살았다. 남들이 좋다고 말하는 삶을 배워서 그대로 사느라 진짜, 원래 내 안에 있던 삶을 살지 못했다.
　진리는 뻔하다. 진리는 시시하다. 애당초 우리 안에 있기 때문이다. 인간은 이미 가진 것을 시시하게 생각하는 경향이 있다. 늘 새로운 게 좋다고 느낀다. 그렇다면 뻔한 건 나쁜 것인가, 정말 우리에게 없어도 되는가?

'뻔하다'는 것은 거짓이 없이 분명하다는 말이다. 그야말로 꾸밈이 없고 과장도 없어서 뻔하다. 헤르만 헤세가 거의 1년 반 동안 심각한 우울증을 앓고 나서 썼다는 소설 『싯다르타』에서 싯다르타도 똑같이 말한다. 배움이 필요 없는 정도가 아니라 배움보다 더 사악한 적은 없다고.

\ "우리가 '배움'이라고 부르는 것이 실제로는 없는 것이라고 믿는다네. 오, 친구여. 있는 것이라곤 단 하나의 지식뿐일세. 이건 모든 곳에 있어. 바로 아트만일세. 내 안에, 자네 안에, 모든 창조물 안에 담겨 있다네. 그리고 나는 이 지식에 대해 알고 배우고자 욕망하는 것보다 더 해로운 적은 없다고 믿기 시작했지." … 『데미안/지와 사랑/싯다르타』 433쪽

뻔하게 살아야 한다. 뻔하게 돈 버는 방법은 땀 흘리고 노력하는 것이다. 뻔하게 사랑하는 방법은 진실로 사랑하는 것이다. 뻔하게 승리하는 방법은 최선을 다하는 것이다.

'어디서도 본 적 없는' '자신만의 유일한' '지금까지 없었던' 진리라며 돈 버는 법을 말하는 이들이 있다. 어디서도 본 적 없는 진리란 우

리 안 어디에도 없기 때문에 볼 수 없는 것이다. 그러니 그들이 말하는 방법이란 존재하지 않는다. 허풍이다. 진리는 배울 수 없지만 깨달을 수 있다. 이미 내 안에 있는 것을 끄집어내는 방법으로 말이다. 양자역학의 원리와 같다.

> 모든 순환하는 사물들은 자발적인 힘을 가지고 있다. 따라서 그것들의 운동은 바깥에서 강요되는 것이 아니다. … 『현대 물리학과 동양사상』 288쪽

모든 순환하는 사물(인간)에는 자발적인 힘(자기 안에 있는 진리)이 있다. 원래 자기 안에 있던 진리를 발견해야 하니, 비우라고 말하는 것이다. 이미 자신 안에 존재하는 진리 위에 덧씌워진 세상의 과장된 생각을 떨쳐내라는 것이다.

고로 우리는 교과서 위주로 돈을 벌어야 한다. 참고서보다 교과서가 훨씬 위력이 세다는 것을 믿어야 한다. 책을 많이 읽을수록 돈도 많이 벌린다는 사실을 나는 깨달았다. 배운 게 아니다. 이 뻔한 진리를 깨닫고 나니 책 읽는 게 너무 신나고 즐겁다.

새로운 방법을 배우지 말고 자신 안에 있는 그 뻔한 방법을 따르자. 모두가 말하는 공통된 뻔한 방법(독서)에 내 안의 뻔한 방법을 더하라. 결국 내 안에, 당신 안에 다 있다. 뻔하게 살자. 그게 정답이다.

Q. 내가 아는 뻔한 성공 방법은 무엇인가?
A. 내가 아는 가장 뻔한 성공 방법은
(⬛⬛⬛⬛⬛⬛⬛⬛⬛⬛⬛⬛⬛⬛⬛⬛⬛⬛⬛⬛)이다.

상상의 거인을 키워라

같은 고전이라도 시기에 따라 책을 읽는 관점이 바뀐다.

『펠로폰네소스 전쟁사』를 IMF 이전에 읽었다면 "펠로폰네소스 전쟁은 어느 나라와 어느 나라의 싸움인가?"라는 질문을 품고 읽었을 것이다. "아테네와 스파르타"라고 대답하면 대학도 갈 수 있었고 취업도 할 수 있었다.

IMF 이후엔 질문이 달라진다. "펠로폰네소스 전쟁은 아테네와 스파르타의 싸움이다. 미국과 중국이 대립하고 있는 상황을 펠로폰네소스 전쟁에 대입해 생각하면 한국 경제에 어떤 영향을 끼칠까?" 이 질문에 서술형으로 잘 대답하면 대학도 가고, 연봉도 높이고, 본인이 원하는 일을 할 수 있었다. 그렇다면 2025년 이후에는 어떻게 될까?

이제 질문에 대답을 잘하는 것만으로는 살아남을 수 없다. 문제에 대한 해답은 AI를 이용하면 얼마든지 좋은 답을 찾을 수 있는 세상이 되었기 때문이다. 누구나 할 수 있다는 말이다. 경쟁력이 없다. 그렇다면 어떤 질문에 대비해야 하는가?

바로 이런 질문을 던져야 한다. "펠로폰네소스 전쟁사로 당신이 만들 수 있는 콘텐츠는 무엇인가?"

내가 콘텐츠를 만들 수 있어야 한다. 콘텐츠를 만들 수 있다면 다른 사람의 지시를 받으며 일하지 않아도 된다. 끌려다니며 살지 않을 수 있다. AI 시대 이전에 콘텐츠를 만들기 위해서는 엄청나게 공부하고 노력과 시간을 들여야 했지만 지금은 아니다. 펠로폰네소스 전쟁사로 영상을 포함한 멋진 콘텐츠를 하루면 만들 수 있다. 예전처럼 펠로폰네소스 전쟁의 역사부터 공부하지 않아도 된다. 내가 원하는 부분을 AI를 통해 잘 뽑아내면 된다.

결국 지금 우리에게 가장 필요한 기술은 질문하는 기술이다. AI에 어떻게 질문해야 남들보다 독특하고 창의적인 대답을 얻을 수 있는가를 고민해야 한다. 연습하면 된다. 나만의 콘텐츠를 만들기 위해 AI에 어떤 질문을 던져야 하는가? 이 질문에 수많은 고전이 같은 대답을 하고 있다.『걸리버 여행기』역시 마찬가지다.

╲ 나는 점잖은 독자들에게 이런 일과 기타 사소한 일을 장황하게 서술하는 것을 양해해 주기 바란다. 이런 일들이 야비하고 천박한 정신의 소유자들에게는 사소하게 보일지 모르지만, 철학자가 그의 생각과 상상을 넓혀서 개인이나 공공의 생활에 적용하는 데 도움을 줄 것이다. … 『걸리버 여행기』 113쪽

'내가 만든 콘텐츠가 개인이나 공공의 생활에 도움을 주려면 어떻게 하면 될까?'라고 질문을 던져보자. 내 안에 상상력을 키우면 이런 질문들이 마구 쏟아진다.

콘텐츠를 수용하는 일반 대중에게 이득을 가져다주는 방향으로 나아가면 된다. 가만히 앉아서 상상하는 데는 한계가 있다. 내공과 역량이 쌓이지 않은 사람은 자신에게 도움이 되는 상상을 아무런 도움 없이 할 수는 없다.

걸리버가 소인국을 여행할 때 독자인 나 역시 슈퍼 파워를 장착한 거인이 된다. 영화를 보고 상상할 수도 있지만 소설을 읽으며 상상할 때는 강도 자체가 다르다. 영화는 시각을 통해서 장면을 직접 보기 때문에 상상력을 키우는 데 한계가 있다. 보는 사람들 모두 비슷한 상상에 그친다.

하지만 소설을 통한 상상은 무한대다. 그리고 각자가 자신에게 도움이 되는 방향으로 상상한다. 또한 영상을 통한 상상보다 훨씬 강하

게 가슴과 머리에 각인된다. 소설을 읽는 순간 우리는 거인이 된다. 나는 거인이다. 세상에 못 할 일이 없다. 깊은 바다가 허리께 깊이밖에 안 된다. 나를 공격해 오는 수십 척의 배를 혼자 해치울 수 있다. 강력한 힘을 가진 존재다. 세상이 두렵지 않다. 나는 어떤 일이든 척척 해낼 수 있는 거인이다.

『걸리버 여행기』는 꾸며낸 이야기지만 바로 그 이야기가 우리 안에서 진실을 긷는다. 나도 몰랐던 저 깊숙한 곳에 숨어 있던 내 힘을 세상 밖으로 끄집어낸다. 자칫 오만해질 수 있는 자기 자신을 돌아보게 하고 실수하지 않게 만든다.

고전을 읽기만 하면 내 안에 잠든 거인이 깨어난다. 오만방자하고 무식하게 힘만 센 거인이 아니라 자신의 어깨 위에 타인과 지구를 태우고 더 나은 세상을 향해 큰 발자국을 쿵쿵 옮기고 있는 멋진 거인이 깨어난다. 읽고 상상하라. 그 순간 당신은 거인이 된다.

Q. 나만의 콘텐츠를 위해 필요한 것은 무엇인가?
A. 오늘 하루 나를 상상의 나라로 이끌 책은 (　　　　　　　　　　　　　　)이다.

"누구나 다
그렇게 될 수는 없잖아요?"

\ '월급 빼도 연 수입 2,000만 원' 부수입 고소득 직장인 80만 명 넘어 … 「국민일보」 2025년 2월 26일

뉴스 기사 제목이다. 80만 명 넘는 사람들이 월급 외에 1년에 2,000만 원이 넘는 돈을 벌고 있다. 이런 기사를 보면 어떤 생각이 드는가.

'누구나 할 수 없는 일이야. 건물을 가지고 있겠지. 난 없어. 주식도 없는데 뭐.'

맞다. 80만 명 중에는 건물을 가진 사람도 있다. 하지만 없는 사람

도 있다. 1원도 없이 시작해 엄청난 돈을 버는 인플루언서들이 있다.

우연히 영상 하나를 보았다. 건강해지고 싶어서 매일 스쿼트 100개를 3년간 했는데 어느새 디스크가 싹 나았고, 그런 시간이 도미노처럼 쌓여 43세에 인플루언서가 되었다는 내용이었다. 그분은 도전을 시작했던 첫날엔 스쿼트를 10개도 하지 못했다고. 이게 바로 선순환으로 인플루언서가 되는 정석이다. 내가 가장 추천하는 방식이다.

대한민국 사람이라면 누구나 인플루언서가 될 수 있다. 아니, 이제는 반드시 되어야 한다. 우리는 작은 땅과 부족한 자원 속에서 세계가 주목하는 많은 일들을 해내는 민족이다. 내가 한국인이라서 하는 말인데 우린 정말 남다르다. 남다르다는 것은 인플루언서가 될 수 있는 자격을 갖췄다는 뜻이다. 지금 이 책을 손에 잡은 당신은 반드시 인플루언서가 되어주어야 한다. 이 책을 만난 이유고 운명이다. 자, 그럼 우리 모두 아래의 단계를 따라 인플루언서가 되어보자.

1단계. 인플루언서가 되겠다는 생각을 버려라.

2단계. 원래 하던 일은 계속하라. 때려치우면 안 된다.

3단계. 자신에게 도움이 되는 분야를 찾아라.

4단계. 그걸 쉽게 해낼 수 있는 방법을 찾아라.

5단계. 도미노처럼 쌓아라.

일단 인플루언서가 되겠다는 생각은 버려야 한다. 의도를 갖지 않아야 한다. 의도를 갖고 시작하면 모든 과정이 괴롭다. 계속 결과만 확인하게 되어 과정을 즐기지 못한다. 인플루언서가 되면 고마운 일이고 안 되더라도 나 자신에게 유익한 일을 하고 있으니 그걸로 충분하다고 생각하자. 마음을 비우고 시작하는 거다.

그렇기 때문에 전업으로 인플루언서가 되려고 하면 안 된다. 일단 기존에 하던 일을 계속하면서 내게 도움이 되는 어떤 분야를 찾아야 한다. 예를 들어 몸 건강에 도움이 되는 것, 정신 건강에 도움이 되는 것, 수익 창출에 도움이 되는 것 등등이다. 앞에 소개한 영상의 주인공 또한 유명해지거나 돈을 벌려고 스쿼트를 시작한 게 아니다. 오로지 자신의 건강을 지키기 위해 시작했다. 시작 동기가 이래야 꾸준히 지속할 수 있다. 이분은 심지어 스쿼트를 하면 디스크가 좋아진다는 사실도 모른 채 시작했다.

> 이들은 소소해 보이는 메시지에서 출발했다. 그리고 이들 중 시작할 때부터 유명하고 부자였던 사람은 아무도 없다. 이점이 가장 중요하다. 이들도 시작할 때는 당신과 마찬가지로 평범했다. 일단 시작한 다음, 전문지식을 더욱 쌓고 자신의 메시지를 상품화하고 홍보하는 법을 배우고 가능한 한 많은 사람들에게 전하는 방법을 찾아 나갔던 것이다. … 『백만장자 메신저』 60쪽

하다보니 좋아지고, 하다보니 돈이 벌리는 선순환 구조를 이해해야 한다. '돈을 벌기 위해' '디스크를 치료하기 위해'가 아니다. 현재 나는 긍정 확언을 외치는 인플루언서다. 긍정 확언 영상으로 매월 말 통장에 달러가 입금된다. 나 역시 외화를 벌려는 목적으로 긍정 확언을 시작한 게 아니다. 그저 내가 꾸준히 행동할 수 있도록 자신과의 약속을 지키기 위해 영상으로 만들었고, 그 꾸준함을 지켜보는 사람들이 있다는 느낌을 받기 위한 장치로서 유튜브를 시작했다. 그런데 긍정 확언을 외치다보니 자연스레 책 소개와 미니 강연이 더해졌고 그 이유로 구독자가 늘어났다.

영상 속의 주인공도 처음엔 스쿼트 10개 정도를 겨우 해냈을 것이다. 하다보니 건강이 조금씩 좋아지고, 좋아지니 좀 더 전문적으로 자세를 공부했을 것이고, 전문적으로 하다보니 디스크마저 좋아지는 선순환이 일어났을 것이다. 본인의 건강에 도움이 되니 구독자 수를 신경 쓰지 않고 꾸준히 도미노를 세우듯 영상을 업로드할 수 있었고, 어느 순간 수익이 창출되는 인플루언서가 돼 있는 자신을 발견했다. 이분은 선순환의 전형적인 과정을 따라갔다.

나는 매일 아침 긍정 확언으로 외치는 열한 가지 말 중 세 가지를 골라서 하루에 100번씩 소리 내어 외친다. 단 하루도 건너뛴 적이 없다. 나태해지거나 우울해지지 않으며 열정적으로 일할 수 있었던 비결이다. 이건 수익이 없는 행동이지만 나의 정신 건강에 너무 좋기 때문에 계속하고 있다.

여러분도 이런 분야를 찾아야 한다. 그래야 꾸준히 도미노를 세울 수 있다. 당신에게 도움이 되는, 어디서나 쉽게 할 수 있는 뭔가를 찾고 바로 시작하라. 일단 시작하면 스쿼트 10개도 못 하던 사람이 100개를 할 수 있게 되고, 그런 날들이 차곡차곡 쌓이면 스쿼트를 가르치는 사람이 된다.

Q. 나는 지금 당장 무엇을 시작할 수 있는가?
A. 내가 꾸준히 쉽게 반복할 수 있는 것은
(   )이다.

고통을 이기지 못하면
고통이 그대를 이길 것이다

쉽게 살면 쉽게 셀 수 있을 만큼만 돈을 번다. 치열하게 살면 치열하게 세고도 남을 만큼 부를 가진다.

나는 삼수를 해서 단국대학교 연극영화학과에 들어갔다. 연극이 하고 싶었는데 당시 내가 아는 방법이라고는 대학교에 들어가는 것뿐이었다. 그래서 공부를 시작했는데 방법을 몰랐다. 고3 때까지 놀기만 했으니 아는 게 없었다.

고민 끝에 일단 책상에 오래 앉아 있자고 마음먹었다. 잠도 책상에 앉아서 잤다. 4개월간 누워서 잔 적이 없었다. 하루 17시간 이상 영어 단어도 쓰고 밑줄도 그었다. 모나미 펜을 하루에 한 자루씩 썼다. 그때

모나미 펜 한 자루를 다 쓰는 것이 그리 어렵지 않다는 사실을 알았다. 결국 원하는 대학, 원하는 과에 입학했다.

연극 배우가 되지는 않았지만, 그때의 치열함이 지금의 나를 있게 만들었다.

> 인류는 아주 오래전 선사시대부터 추위가 우리의 적이며 추위에 맞서기 위해서는 불을 피우고 동굴로 들어가야 한다는 생각을 해왔다. 하지만 정작 우리가 맞서 싸워야 할 대상은 우리가 만들어온 조건반사 과정과 그에 따른 두려움이다. … 『빔 호프 메소드』 65쪽

일명 '아이스 맨'이라 불리는 빔 호프는 얼음을 가득 채운 컨테이너 속에서 112분을 견딘 사람이다. 추위 노출과 극한 견디기로 26개의 기네스 기록을 보유하고 있다. 빔 호프는 우리가 지금껏 안락하고 편안한 환경을 만들기 위해 싸워온 대가로 건강을 잃었다고 설명한다. 이 책을 읽고 나는 한 달간 찬물로 샤워를 해봤는데, 혈액순환이 온몸 구석구석까지 잘되는 느낌이었다. 발끝의 각질마저 사라졌다. 찬물 샤워는 고통스러웠지만 그 덕에 건강을 얻었다. 지금도 찬물 샤워를 꾸준하게 하고 있다.

인생은 고통이다. 고통이란 과연 무엇인가? 목욕탕에서 굉장히 뜨

거운 물에 들어갈 때 실제 느끼는 감각은 고통이다. 근데 우린 "어허, 시원하다"라고 말한다. 달리기하고 등산할 때 숨도 차고 다리도 아프다. 고통이다. 근데 이 고통을 자발적으로 만나러 간다. 매운맛은 실제로는 맛이 아니라 혀가 느끼는 통증이다. 전 세계인들이 불닭볶음면을 먹으며 이 고통을 즐기고 있다.

\ 그대가 고통을 이기지 못하면, 고통이 그대를 이길 것이다. … 『몽테뉴 수상록』 65쪽

고통은 정복될 수 있고 누릴 수 있다. 고통을 쾌락으로 바꿀 수 있어야 한다.

책을 읽기 위해 책상에 앉아 있는 것은 고통이다. 몰려오는 졸음을 물리치고 정신을 집중하는 것은 고통이다. 하지만 나는 책을 읽는 고통 뒤에 정신적·물질적으로 엄청난 행복이 기다리고 있음을 알기 때문에 기꺼이 책을 읽는다. 계속 먹다보니 매운맛은 고통이 아니듯 독서 역시 계속 읽다보면 고통이 아니다.

미래에 대한 불안은 고통이다. 책을 읽으면 미래에 대한 불안감의 고통이 사라진다. 내 미래가 명확하게 보이기 때문에 걱정이 없다. 모든 일을 주도적으로 하기 때문에 남이 시키는 일을 한다는 고통이 사

라진다.

남이 잘되는 건 고통이다. 배가 아프다. 남을 미워하고 시기하고 질투하니 고통이다. 고통스럽지만 남을 위하라. 그러면 관대한 마음이 생겨 오히려 넓은 가슴으로 세상을 품을 수 있는 여유로운 사람이 된다. 남을 위해 가치를 생산하는 삶을 살면 돈은 저절로 따라오기 때문에 금전적인 고통에서도 해방된다.

내가 운영하는 메밀국수 매장이 10년 동안 매년 10억 원이 넘는 매출을 계속해서 얻을 수 있었던 원동력이 뭘까? 생각해봤다. 그 힘은 바로 일주일에 3일 이상 도서관에 가는 것이다. 나는 1년에 도서관 자리표 100장 이상을 모으는 게 목표다. 그 표가 100장을 넘어서면 1년 매출도 10억 원이 넘었다. 다른 이유는 없다. 그러니 내게는 도서관에 가는 일이 고통이 아니라 설렘이다. 내가 『이 책은 돈 버는 법에 관한 이야기』에서 "도서관에 가는 게 아니라 '돈'서관에 간다"라는 표현을 쓴 것도 그런 이유에서다.

몸이 힘들면 사우나에 가듯이 정신이 힘들면 도서관으로 가라. 뜨거운 물에 몸을 푹 담그듯이 지혜의 목욕탕에 머리를 담가라. 고전이 쏟아주는 깨달음의 물줄기로 샤워를 하라. 책과 함께 고통의 시간을 견뎌라. 도서관을 나서는 순간, 찜질방에서 나올 때 느끼는 상쾌함의 몇백 배쯤 되는 깨달음의 상쾌함을 느낄 것이다.

인간은 고통 뒤에 행복이 따라온다는 보장이 있으면 기꺼이 고통을 견딘다. 아니 즐긴다. 찜질방 안에서 숨이 턱턱 막히는 고통을 느끼지만, 그렇게 견디다 나가면 시원하고 상쾌한 행복이 기다리고 있음을 알기에 즐길 수 있다.

Q. 나는 고통을 어떻게 이겨낼 것인가?
A. 나는 기꺼이 이겨낼 고통으로
(   )을 선택하겠다.

비밀의 개수와
부는 비례한다

비밀을 쌓을 것인가, 허풍을 쌓을 것인가? 결론부터 말하자면 비밀을 쌓아야 한다. 당신의 비밀은 어떤 것이 있는가? 가만히 생각해보자.

비밀은 곧 실력이다. 진짜 실력을 가진 사람들은 실력을 숨긴다. 가짜 실력을 가진 사람들이 허풍을 떤다. 그럴 수밖에 없다. 실력이 없는 사람들은 세상이 무섭다. 세상이 자신을 해칠 것 같다. 그래서 허풍을 떤다. 모든 동물은 위기에 처하면 자신의 몸집을 크게 부풀려 과장한다.

반면 실력을 갖춘 사람들은 무섭지 않다. 평온하다. 어떤 어려움이 닥쳐도 해결할 수 있는 자신감이 있다. 영국의 사상가 존 러스킨이 『나중에 온 이 사람에게도』에서 말한 "진정한 부는 역량 있는 사람의 손에 들려진 가치"가 바로 그런 의미다. 진정한 부란 내 안에 몰래 가지고 있는 비밀이다. 그 비밀은 언제 어디서나 돈으로 바꿀 수 있는 능력이다. 이런 비밀을 쌓아가야 한다.

독서를 하면 비밀이 쌓인다. 다른 사람에게 비밀로 하고 싶은 책들이 생긴다. 이런 비밀의 책을 많이 만들어야 한다. 비밀의 책이 내 안에 쌓이면 허풍을 떨 필요가 없다. 그래서 실력 있는 사람들은 경청하는 사람이 된다. 실력을 비밀스럽게 가진 사람들은 말을 많이 하지 않는다. 실력은 숨길수록 매력 있기 때문이다. 예전의 왕들이 자신의 신분을 숨기고 주막에 들러 국밥 한 그릇을 몰래 먹고 가는 묘한 느낌을 상상해보자. 얼마나 짜릿했겠는가?

\ 미래를 예측하는 최선의 방법은 [내가] 미래를 창조하는 것이다. … 『철학은 어떻게 삶의 무기가 되는가』 320쪽

실력이 곧 비밀이고 비밀이 곧 돈이다. 진정한 부는 내 안에 쌓인다. 세계 어디를 빈손으로 가더라도 그곳에서 부를 쌓을 수 있다. 스스로 미래를 창조한다면, 얼마나 멋진가!

당신은 어떤 비밀을 가지고 있는가? 지금 당장 종이에 적어보라. 당신은 다른 사람에게 알려주고 싶지 않은 책을 몇 권 품고 있는가?

당신은 다른 이에게 가르쳐주고 싶지 않은 돈 버는 방법을 몇 가지나 알고 있는가? 당신은 말하고 싶지 않은 우주의 진리를 얼마나 알고 있는가? 3대째 내려오는 맛집들은 비법, 즉 비밀스러운 요리법을 갖고 있다. 그들은 3대째 비밀로 돈을 번다. 이런 비밀을 여러 개 가지고 있다면 어떻게 되겠는가?

내가 책을 쓰는 원리는 간단하다. 하나, 독서를 통해 비밀스러운 책들을 모은다. 둘, 알려주고 싶지 않은 책들을 독자에게 알려준다. 셋, 다시 독서를 통해 비밀스러운 책들을 모은다.

이 원리는 모든 분야에 적용할 수 있다. 이러한 선순환으로 허풍이 줄어들고 자기 안에 비밀이 쌓이면 돈은 저절로 따라온다. 마땅히 가져야 할 부를 얻고 싶다면, 비밀을 먼저 쌓아야 한다. 이것이 돈을 좇지 않고 돈을 버는 비밀이다. 쉿! 우리만 알자.

Q. 나만의 비밀은 몇 개인가?
A. 지금 내 안에 있는 비밀은 (　　　) 개이고, 앞으로 (　　　)년간 (　　　) 개의 비밀을 더 만들겠다.

| 나가며 | 책이 데려다주는 그곳으로 가라 |

물리학자 카를로 로벨리는 『시간은 흐르지 않는다』에서 이렇게 말했다.

"뇌는 과거의 기억을 수집해 지속적으로 미래를 예측하는 데 사용하는 메커니즘이다."

뇌는 우리의 생존을 위해 미래를 예측한다. 횡단보도가 없는 길에서 길을 건너야 할 때 우리는 멀리서 오는 차의 속도를 가늠해 길을 건넌다. 차의 속도를 어떻게 예측할 수 있는가? 과거의 기억을 바탕으로 예측하는 것이다. 같은 이치로 어린아이들이 막무가내로 길에 뛰어드는 것은 차에 대한 과거의 기억이 별로 없기 때문이다. 차에 대한 기억이 쌓일수록 달려오는 차의 속도를 예측할 수 있다.

　좋은 기억과 경험을 쌓으면 미래가 보인다. 그래서 '젊어서 고생은 사서라도 하라는 것'이다. 무엇을 예측하기 위해서? 돈의 흐름을 예측하기 위해서. 우리 선배들이 살아보니 돈이 움직이는 기억과 경험을 쌓으면 돈이 어디로 흘러가는지 알 수 있다는 것을 깨달았기에 이 말을 남긴 것이다.

　돈에도 궤도가 있다. 길이 있다. 돈도 자기가 좋아하는 길로 다닌다. 경기가 좋다는 것은 돈이 넓게 분포돼 있다는 것이다. 누구나 돈을 벌 수 있지만, 많이 벌 수 있는 확률은 낮다. 불경기라는 것은 돈이 특정 지역에 집중돼 있는 것이다. 그래서 누구나 돈을 벌 수 없지만, 돈이 있는 곳을 알아낸 사람들은 큰돈을 번다.

　어떻게 예측하느냐? 기억과 경험만 쌓으면 뇌가 예측한다. 생존을 위해서 달려오는 차를 피할 수 있도록 속도를 계산해주는 것처럼 우리를 먹고살게 하기 위해 돈의 궤도도 뇌가 예측할 수 있다. 돈은 무턱대고 번다고 벌리는 게 아니다. 돈이 어디로 흘러가는지 예측하고 미리 그곳에 가서 받을 준비를 하고 있어야 한다. 행운은 기회가 준비를 만나는 것이다. 좋은 기억과 경험으로 준비를 해야 돈을 벌 수 있는 기회가 생긴다.

　위기는 기회다. 위기의 순간이 지날 때마다 크게 성공한 사람들이 탄생하는 이유다. 야구 경기 중에 외야수들을 보라. 타자가 공을 치면 앞으로 뒤로 거리를 조절하며 공이 떨어질 위치를 예측한다. 야구를 처음 해본 사람들은 외야에서 공을 잡기 힘들다. 공이 날아오는 기억과 경험이 없기 때문이다. 프로 야구 선수들은 수많은 연습을 통해서 공이 날아오는 궤도에 대한 경험과 기억을 쌓는다. 돈의 궤도도 마찬가지다. 돈은 누구에게나 공평하게 머리 위로 날아다닌다. 돈이 어디에 떨어지는지 예측할 수 있다면 그 자리로 미리 가서 돈을 받을 수 있다. 부자와 가난한 자의 차이는 바로 이 능력이 있느냐 없느냐의 차이다.

"책은 간접 경험이다."

이 말을 들어봤을 것이다. 책을 읽어야 하는 이유다. 직접 경험을 쌓기에는 한계가 있다. 전쟁에서 이기는 경험을 쌓기 위해 2500년 전 아테네로 돌아가 펠로폰네소스 전쟁을 직접 겪을 수는 없다. 하지만 투퀴디데스의 『펠로폰네소스 전쟁사』를 읽으면 얼마든지 전쟁에 대한 좋은 기억과 경험을 쌓을 수 있다. 심지어 전쟁 후 세상이 어떻게 흘러갈지도 예측할 수 있다. 러시아와 우크라이나 전쟁이 끝난 후 세계의 돈이 어떻게 흘러가는지 예측하는 데도 엄청난 도움이 될 것이다.

오마하의 현인이라 불리는 워런 버핏은 "나는 인문학을 통해 주가를 예측한다"고 말한다. 책을 읽으면 돈을 벌 수 있는 능력이 현저히 높아진다. 당연한 것이다. 나의 뇌에 좋은 기억과 경험을 쌓아주기 때문이다.

책은 마법의 양탄자다. 내가 어디로 가려고 결정하는 게 아니라 책을 꾸준히 읽으면 나도 몰랐던 곳으로 나를 데려다준다. 그곳이 바로 내가 돈도 잘 벌고 행복하게 살 수 있는 곳이다. 나는 내가 작가가 될 거라고는 꿈에도, 아니 다음 생에도 작가가 될 거라는 생각은 없었다. 책을 읽다보니 어느 날 작가가 되어 있었다. 책이 나를 마법의 양탄자에 태우고 나도 모르게 작가의 세상으로 데려온 것이다.

돈의 세상도 마찬가지다. 돈을 좇지 말라고 하는 원리가 바로 이 말이다. 돈을 벌려고 하지 말고 책과 경험을 통해 뇌에게 좋은 기억을 쌓아주면 돈은 저절로 벌린다. 돈을 좇지 않고 돈이 나를 따라오게 하는 선순환의 구조를 만든 사람들은 모두 독서를 통해서 이 구조를 만든 사람들이다.

당신의 뇌를 믿어라. IQ수치는 상관없다. 지능의 문제가 아니라 간절함의 문제다. 간절한 마음으로 책을 읽으면 된다. 간절함은 좋은 기억이다. 간절함을 가지고 책을 읽을 때 우리 뇌는 미래를, 특히 돈의 흐름을 예측할 수 있는 능력을 가진다. 믿어라. 그리고 읽어라.

Q. 여기까지 읽은 당신은 이제 작가가 될 수 있다. 당신이 쓰고 싶은 책은 무엇인가?
A. 나는 (　　　　)년 안에
(　　　　　　　　　　　　　　　　)에 관한 책을 쓰겠다.

부록	부자들의 언어

여기에 나오는 숫자들은 글을 쓰는 시점을 기준으로 작성되었다. 독자 여러분이 읽는 시점에서는 정책의 다양한 변화에 따라 숫자가 달라졌을 것이다. 직접 확인해야 한다.

▪ 기본 편

그야말로 부자가 될 수 있는 가장 기본이 되는 언어다. 기본편에 나오는 언어들을 실생활에서 자주 섞어 사용할 수 있어야 한다. '떡볶이', '아메리카노'처럼 생각 없이도 입에서 자연스럽게 흘러나오는 언어가 될 수 있도록 꾸준하게 공부해야 한다. 내 돈을 지켜주고, 불려주는, 기본이 되는 언어다.

1. 기준금리/가산금리

부자들의 언어 중 가장 먼저 알아야 할 것이 '기준금리(基準金利)'다. 모든 돈의 기준이 되기 때문이다.
기준금리란 기준이 되는 금리란 얘긴데, 그렇다면 금리란 무엇인가? 사전을 찾아보면 '빌려준 돈이나 예금 따위에 붙는 이자, 또는 그 비율'이라고 나온다. 그렇다면 기준금리는 돈을 빌리거나 빌려줄 때 돈에 따라다니는 '이자'라고 생각하면 된다.

일단 기준금리가 높으면 이자를 많이 내야 하니까 돈을 빌릴 사람이 줄어들고, 세상에 나와서 돌아다니는 돈도 줄어들고, 돈이 줄어들면 물건도 사지 않으려고 하니까 물건 가격이 내려간다. 부동산 가격도 마찬가지로 내려간다. 주식시장의 주가도 내려간다. 반대로 기준금리가 낮으면 이자가 싸니까 돈을 많이 빌릴 수 있고, 세상에 나와서 돌아다니는 돈이 많아지고, 물건을 사려는 사람이 많아지면서 가격이 올라간다. 이런 상태를 '인플레이션'이라 한다. 인플레이션은 '팽창'이라는 뜻이 있다. 돈이 팽창되면 물가가 상승한다. 이렇게 기준금리의 변화에 따라 물건 가격이 올라가고 내려간다. 기본적으로 기준금리를 통해 국내 물가를 조정하는 역할을 한다.

기준금리의 두 번째 역할은 외국과의 경제 상황을 조정하는 것이다. 기준금리가 낮다는 것은 이자를 조금 준다는 뜻이므로 가치가 떨어진 것이다. 한국은행이 기준금리를 낮추면 원화의 가치가 떨어진다. 그렇다면 외국에서 석유 등의 물건을 사 올 때 원화로 결제하면 돈을 더 많이 줘야 하는 것이다. 이걸 막기 위해 기준금리를 올려서 원화의 가치를 올리면 국내 시장은 이자가 올라갔기 때문에 돈을 빌리기 힘들고 세상에 돌아다니는 돈이 줄어들면서 경기 침체가 올 수 있다. 기준금리는 크게 이 두 가지 사이를 적절하게 조정하는 방향으로 흘러간다.

한국의 기준금리는 한국은행이 결정하고 미국의 기준금리는 미국 중앙은행인 연방준비제도(보통 '연준'이라고 부른다)에서 결정한다. 그러므로 부자들의 언어를 알기 위해서 미국중앙은행과 한국은행의 기준금리를 잘 볼 수 있어야 한다. 전 세계의 중앙은행들은 미국중앙은행의 기준금리를 따라갈 수밖에 없다. 그래서 늘 미국중앙은행을 주목하는 것이다. 일단 미국중앙은행의 기준금리 변화에 따라 한국은행은 국내 물가안정과 해외 경제 상황에서 우리나라에 최대한 유리하도록 기준금리를 조정한다. 이런 큰 그림을 볼 수 있어야 부동산과 주식 가격 등이 어떻게 변해갈지도 예측할 수 있다.

'가산금리(加算金利)'는 나에게 부과되는 추가 금리다. 내 신용도에 따라 이자를 더 낼 수도, 덜 낼 수도 있다는 말이다. 가산금리의 가 자는 '추가(追加)'의 가 자와 한자가 같다. 뭔가를 더한다는 뜻이다. 나의 신용도나 대출 기간 등에 따라 가산금리가 달라진다. 신용도가 높으면 가산금리는 낮고, 신용도가 낮으면 가산금리는 높다. 은행이 돈을 빌려줄 때 위험성이 크면 이자를 더 받는 것이다. 우리는 기준금리보다 가산금리를 더 무서워해야 한다. 내 신용도를 높여서 가산금리가 낮아지도록 만들고 가산금리를 꼼꼼히 따져볼 수 있어야 한다. 단, 은행에서 돈을 빌릴 때만 가산금리가 적용된다. 예금할 때는 적용되지 않는다. 내가 신용이 높다고 예금할 때 이자를 더 주지는 않는다는 말이다. 뭔가 손해 보는 느낌이지만 구조가 그렇다.

2. 고정금리/변동금리

'고정금리(固定金利)'는 은행에서 돈을 빌린 후 지불해야 하는 이자가 고정돼 있다는 뜻이고, '변동금리(變動金利)'는 이자가 계속 변한다는 뜻이다. 그럼 뭐가  좋을까? 그때그때 다르다. 그러므로 세상의 흐름을 읽을 수 있어야 한다. 코로나19로 사람들의 생활이 힘들 때 각국의 중앙은행은 세상에 돈을 풀어주기 위해 금리를 내렸다. 그리고 코로나가 끝나자 돈을 다시 거둬들이기 위해 금리를 올렸다. 돈을 거둬들이지 않으면 인플레이션이 심해지기 때문이다. 이런 흐름은 어느 정도 책을 읽은 사람들은 충분히 예상할 수 있다. 그래서 코로나가 끝나기 직전에 변동금리였던 사람들이 고정금리로 갈아타기 시작했다. 코로나가 끝나면 당연히 금리가 엄청 오르기 때문이다.

그런데 변동에서 고정으로, 고정에서 변동으로 갈아탈 때 비용이 발생한다. 이 모든 걸 스스로 계산해서 자신에게 유리한 쪽으로 설계할 수 있어야 한다. 개념을 이해하고 세상에 큰 이슈가 생길 때마다 금리의 변화를 관찰하면 어느 순간 저절로 금리 변화를 느낄 수 있는 감각이 생긴다. 꾸준히 관심을 가지고 책을 읽고 실제 상황도 관찰해야 한다. 돈을 버는 것도 중요하지만 지키는 게 더 중요하다. 이런 개념과 변화의 흐름을 알면 소중한 자산을 지킬 수 있다. "나는 어려워서 모르겠다" 하고 포기하는 순간 피땀 흘려 번 돈이 줄줄 새어 나간다. 특히 대출을 받을 때 주변 사람들에게 고정금리가 좋은지, 변동금리가 좋은지 물어보는 경향이 있는데 다른 사람에게 묻지 말고 스스로 공부해서 알아야 한다. 부자들은 절대 다른 사람에게 물어보지 않는다. 스스로 알아낸다.

3. 명목금리/실질금리

'명목금리(名目金利)'는 은행에 가면 "이자를 얼마 줄게요"라고 써 붙여놓은 그 금리를 말한다. 우리가 명목금리를 공부하는 이유는 '실질금리(實質金利)'를  알기 위해서다. 실제 내 통장에 들어오는 돈을 알아야 할 것 아닌가. 그렇다면 실질금리는 무엇인가?

명목금리 - 물가 상승률 = 실질금리

적금 상품에 연 3.5%의 이자가 붙는다고 했을 때, 1년 동안 100만 원을 저축하면 3만 5천 원의 이자를 받는다. 그런데 이 수치는 그야말로 이름의 값이다. 그래서 명목금리의 명 자가 '이름 명(名)' 자다. 여기서 물가가 2.5% 올랐다면 실질금리는 1%인 1만 원을 이자로 받는 것이다. 때론 물가 상승률이 더 높아져 실질금리가 마이너스가 될 때가 있다. 이런 때에는 은행에 돈을 맡겨봐야 아무런 소용이 없기 때문에 다른 투자처를 생각해야 한다. 물론 무조건 다른 곳에 투자하라는 건 아니다. 시장의 흐름이 불안정하다면 어느 정도 기간 동안은 안전한 은행에 맡겨두는 것도 방법이다. 대신 이 개념을 반드시 알고 있어야 한다. 공부를 통해 확실하게 투자할 곳이 생기면 그때는 은행에 돈을 두지 말고 투자를 하는 것이 당연히 도움이 된다. 은행에 있는 내 돈의 가치가 어떻게 변하고 있는지 느낄 수 있고 상황에 따라 투자할 수 있는 감각을 키워야 한다. 물가 상승률이 계속 올라가면 은행에 있는 내 화폐의 가치는 계속 떨어지는 것이다. 그래서 사람들이 이럴 때는 실물인 '금'에 투자한다. 화폐의 가치와 실물의 가치를 볼 수 있는 눈을 키우자. 누구나 할 수 있다. 겁먹지 마라. 지금처럼 용어부터 공부하고 이해하면 돈이 흘러가는 소리를 들을 수 있다.

4. 명목임금/실질임금

'명목임금(名目賃金)'은 받는 액수 그대로다. 100만 원을 임금으로 받으면 100만 원 그 자체를 명목임금이라 한다. 이 100만 원을 물가지수로 나누면 '실질임금(實質賃金)'이 된다.

우리가 임금을 책정할 때 물가를 반드시 생각해야 한다. 물가가 오르면 명목임금은 100만 원으로 똑같아도 실질임금은 낮아지는 것이다. 예를 들어 미국 아마존은 2021년 시급을 18달러로 높게 책정하면서 명목임금 상승률을 4.8%로 올렸지만, 소비자 물가지수가 5.4%로 상승하면서 서민들이 느끼는 생활은 더 팍팍해졌다. 실질임금이 0.6% 더 떨어진 것이다.

우리나라도 실질임금은 떨어지고 있는 상황이다. 물가가 빠른 속도로 오르기 때문이다. 월급이 올랐다고 좋아하지 말고, 실질임금을 잘 따져보고 내 생활이 마이너스라면 소비를 줄이든가 아니면 수입을 늘려서 어떻게든 돈의 흐름을 선순환으로 만들어야 한다. 이런 감각을 모르고 월급 조금 올랐다고 신나게 소비하다보면 암울한 노후만이 우리를 기다릴 것이다. 나의 실질임금이 얼마인지, 물가는 얼마나 오르고 있는지, 내 돈의 흐름은 어떻게 되고 있는지, 계산하지 않아도 느낄 수 있도록 꾸준히 공부하자.

5. 국채

'국채(國債)'는 국가가 발행하는 '채권(債券)'이다. 채권은 돈을 빌려준 증서다. 돈을 빌려주면 이자를 받는다. 즉 채권에 투자하면 이자를 받는 것이다. 검색해  보면 '한국 국채 10년' 이런 게 많이 보이는데 10년 후에 원금을 상환해주고 10년 동안 이자를 준다는 의미다.

주식과 채권의 차이는 '원금이 보장되느냐 안 되느냐'다. 주식은 당연히 원금 보장이 안 된다. 그럼 주식을 왜 할까? 채권보다 수익률이 클 수 있기 때문이다. 한국인은 빨리빨리 수익을 내고 싶어하기 때문에 채권보다는 주식을 선호한다. 채권은 원금이 보장되기 때문에 수익률이 크지 않다.

국채 중에는 미국 국채가 인기가 가장 좋다. 가장 튼실한 회사의 주식이 인기가 있는 것처럼 경제 1위 미국의 국채가 인기가 좋은 것이다. 대신에 안정적이기 때문에 이자가 낮다. 반대로 국가신용도가 떨어지는 나라의 국채는 이자가 높다. 위험하기 때문이다. 채권은 원금이 보장된다고 설명했지만, 만약 국가가 부도나면 원금을 받을 수 없다.

미국 국채를 가장 많이 보유하고 있는 나라는 일본이고 그다음이 중국이다. 일본과 중국이 미국 국채를 얼마나 파느냐 혹은 가지고 있느냐에 따라 세계 경제에 막대한 영향을 끼친다. 늘 관심을 가지고 지켜봐야 하는 이유다.

우리가 투자를 할 때는 반드시 주식과 채권을 적절한 비율로 섞어서 포트폴리오를 구성할 수 있어야 한다. 비율은 본인의 성향에 따라 다르다. 국채가 있으면 당연히 회사에서 발행하는 '회사채(會社債)'도 있다. 더 궁금한 사람들은 따로 공부해보자.

6. 주가지수

코스피, 코스닥, 나스닥, 다우존스, S&P500, 니케이, 상해종합 등은 주식시장의 주가를 한눈에 알기 위해서 개별 주가를 정해진 방식으로 계산해서 보여주

는 지수다.

'코스피(KOSPI)'는 Korea Composite Stock Price Index의 약자로 대한민국 주식시장의 대표적인 지수다. 대기업 중심의 지수라고 생각하면 된다. '코스닥(KOSDAQ)'은 Korea Securities Dealers Automated Quotations의 약자로 중소기업과 기술 중심의 벤처기업이 많이 포함된 지수라고 생각하면 된다.

코스피와 코스닥의 차이는 일단 규모의 차이라고 생각하면 된다. 코스피는 자기자본 300억 원 이상이고 코스닥은 자기자본 30억 원 이상, 코스피는 상장주식이 100만 주 이상이고 코스닥은 소액주주 500명 이상, 코스피는 3년 평균 매출이 700억 원 이상이고 코스닥은 50~100억 원 이상이다. 코스피 지수가 2025년 4월 24일 기준 2514.37인데 2021년 6월에 사상 최고치인 3316.08을 찍기도 했다. 코스피 지수는 코스피에 등록돼 있는 기업들의 종합성적표다. 그런데 이건 '기업이 잘하고 못하고'의 내부적 요인도 있고 금리 인상, 인플레이션으로 인한 원자재 가격 상승 등의 외부적 요인도 있다. 이런 차이를 읽어낼 수 있어야 한다.

주가지수로 가장 유명한 것은 미국 S&P500이다. 정식 명칭은 Standard & Poor's 500 Index다. 미국의 신용평가회사 '스탠더드 앤드 푸어스'에서 개발한 미국의 주가지수이며 미국을 대표하는 500개의 대형 우량기업 주식으로 구성되어 있다. 우리가 잘 아는 애플, 마이크로소프트, 아마존, 구글(알파벳), 테슬라 등이 포함되어 있으며 미국 경제 전반의 흐름을 보여주는 지표다. 워런 버핏이 자신이 죽으면 자산의 90%를 S&P500 지수를 추종하는 인덱스 펀드에 투자해달라고 말한 바 있어 더욱 유명하다.

다양한 지수를 읽을 수 있는 건 세계 경제 흐름을 한눈에 볼 수 있다는 뜻이다. 일단 유명한 대표 지수들은 용어부터 챙겨서 알아두자.

7. 인플레이션/디플레이션

'인플레이션(Inflation)'은 통화량이 팽창하여 화폐 가치가 떨어지고 상품과 서비스의 가격은 계속 올라가는 것이다. 반대로 '디플레이션(Deflation)'은 상품과  서비스의 가격이 떨어지고 상대적으로 화폐의 가치가 올라가는 것이다. 어느 쪽이 더 안 좋을까?

디플레이션이다. 가격이 떨어지면 소비자에게 좋을 것 같지만 그렇지 않다. 가격이 계속 떨어질 것이라 예상되면 어떤 일이 벌어지겠는가? 일단 사는 사람들은 사지 않는다. 값이 더 떨어질 것 같으니까 사지 않고 기다린다. 기업들도 물건이 안 팔리니까 투자를 안 한다. 팔지도 않고 사지도 않는다. 시간이 지나면 자본이 적은 기업부터 문을 닫기 시작한다. 경제가 멈추는 것이다. 경제 대공황이 온다. 인플레이션보다 무섭다. 과거 일본이 1990년대 초 이후 30년간 디플레이션을 겪었다. 일본의 '잃어버린 30년'이란 말을 들어봤을 것이다.

기본적으로 '인플레이션'이라 하면 '아! 세상에 돈이 많이 돌아다니는구나. 돈이 많으니까 상품을 구매하려는 사람도 많을 것이다. 그럼 당연히 상품의 가격은 올라가겠지. 근데 계속 오르게 놔두면 안 되니까 중앙은행에서 세상의 돌아다니는 돈을 거둬들이려 하겠지. 그러기 위해서 금리를 인상하겠구나. 금리가 낮으면 너도나도 돈을 빌릴 수 있으니까.' 이런 개념을 머리에 그리면 된다. 디플레이션은 반대로 생각하면 된다. 이렇게 인플레이션과 디플레이션에 따라 금리와 세상의 방향을 예측하고 자신의 경제활동에 적용할 수 있어야 한다.

8. 단리/복리

'단리(單利)'는 원금에 대해서만 붙이는 이자다. 예컨대 2천만 원을 1년 동안 정기예금 5%를 제공하는 상품에 가입했다면 이자를 100만 원 받는다. 그런데  이 100만 원도 전부 받는 건 아니다. 이자에 대한 세금을 내야 하기 때문이다.

'복리(複利)'의 복(複) 자는 중복된다는 뜻이다. 단리는 원금에 대한 이자만 발생하는 데 비해 복리는 전월에 발생한 이자에도 이자가 붙는다. 1,000원을 투자해서 첫 달에 이자가 100원이 생겼다면 단리는 다음 달에도 1,000원에 대한 이자만 계산해서 주고, 복리는 1,100원에 대한 이자를 계산해서 준다. 즉, 복리란 전월의 원금 + 이자 = 이번 달 원금이 되는 것이다.

그렇다면 누구나 복리를 하지 왜 단리를 하는가? 시중에 나와 있는 대부분의 상품이 단리이며 복리의 수익이 확연하게 늘어나는 구간은 7년 정도 넘어야 하는데 대부분의 예·적금 상품은 3년 만기가 최대치다. 그리고 복리 상품의 경우에는 일반 단리에 비해 금리가 낮은 경우가 많아서 일찍 해약하면 오히려 손해를 보는 경우가 발생한다.

'복리의 마법'이라는 말을 들어봤을 것이다. 일단 복리의 개념을 이해하고 장기적인 투자를 할 때 복리의 마법을 적용할 수 있는 상품을 찾아야 한다. 복리의 마법은 시간과의 싸움이다. 일찍 시작할수록 좋다. 자녀들에게 복리의 마법을 일찍 가르쳐주어야 한다.

9. 주택청약통장

주택청약통장은 '아파트를 분양받을 수 있는 기회'라고 생각하면 된다. 과거엔 청약통장이 저축, 예금, 부금으로 나뉘어 있었는데, 2015년 9월부터 '주택청

약종합저축'으로 통합됐다. 일반 주택청약종합저축은 누구나 가입할 수 있고, 최대 3.1%(2025년 4월 기준)까지 금리를 받을 수 있다. 소득공제 등의 세금 혜택을 받을 수 있어서 결코 낮은 금리가 아니다. 납입액은 월 2만 원부터 시작할 수 있어서 부담 없이 시작할 수 있다.

또한 '청년주택드림청약통장'이 있는데 이건 만 19~34세 청년이면서 연 소득이 5,000만 원 이하인 무주택자여야 가입할 수 있다. 금리가 최대 4.5%로 일반보다 훨씬 높고 이자에 세금도 붙지 않는다. 납입액의 40%를 소득공제도 받을 수 있어서 청년이라면 무조건 이 통장에 가입하는 게 유리하다.

청약통장을 가졌다면 청약 1순위가 되는 방법을 알아야 한다. 지역별로 1순위 기준이 다르므로 본인이 원하는 지역의 1순위 되는 방법을 반드시 찾아서 공부해야 한다. 예를 들면 수도권은 기본 1년 이상 가입하고 12회 이상 납입해야 하는데, 투기과열지구는 2년/24회로 기준이 더 엄격하다. 반대로 지방은 6개월만 지나도 1순위가 되는 곳도 있다.

주택청약통장은 해지하고 싶을 때 절차가 간단하지 않으며 일부 경우 해지 시 세금이 부과될 수 있으므로 잘 알아봐야 한다. 사회생활은 주택청약통장 가입에서 시작된다. 주택청약통장의 다양한 활용법을 공부하고 또 공부해야 한다.

10. 기축통화

'기축통화(基軸通貨)'란 국제단위의 결제나 금융 거래의 기본이 되는 화폐를 의미한다. 현재는 미국 달러가 기축통화 역할을 하고 있다. 기축통화국은 다소 과
장해서 말하면 돈이 필요할 때 돈을 찍어내면 된다(물론 여러 가지 부작용이 있지만). 이건 어마어마한 힘이자 국력이다. 요즘 달러의 위상이 많이 흔들리고 있다. 미국의 달러 다음으로 기축통화의 자리를 노리는 화폐는 유럽의 유로화, 영국의 파운드, 중국의 위안, 일본의 엔화 등이 있다. 특히 중국과 미국의 관계를 잘 보아야 한다. 앞으로 세계 경제는 미국과 중국이 이끌어 간다. 두 나라 사이에 어떤 일이 벌어지는가에 따라 내가 투자한 종목들의 가격이 휙휙 변한다. 중국과 미국의 관계를 내다볼 수 있도록 공부해야 한다. 실제 중국은 '2050년에 중국 위안이 기축통화가 되게 만들겠다'고 발표한 적이 있다.

11. 기업공개

'기업공개(IPO, Initial Public Offering)'는 기숙사의 오픈 하우스 같은 것이다. 개인 혹은 소수 주주로 구성
되어 있던 기업이 자신의 속살까지 다 보여주며 "우리 회사는 이런 회사니까 주식을 사서 우리 회사에 투자하세요"라고 설명하는 것이다. 기업은 상장(上場)을 통해 주식을 거래할 수 있도록 등록하는데, 기업공개는 이러한 상장이 적절한지를 심사하는 과정이다. 기업이 상장을 위해 기업공개를 하는 이유는 자금의 원활한 조달, 사업 영역 확대, 기업 신뢰도 향상 등의 이유 때문이다.

12. 기회비용

'기회비용(機會費用)'은 올바른 선택에 관한 얘기다. 내가 선택하지 않은 것, 즉 내가 포기한 것이 기회비용이다. 기회비용을 계산할 수 있어야 한다. 왜냐하면 내가 가진 돈과 능력이 제한돼 있어서 모든 걸 할 수 없기 때문이다. 아파트냐, 상가냐? 연봉이 높은 A 회사에 취업할까, 연봉은 낮아도 미래가 밝은 B 회사에 취업할까? 짜장면이냐, 짬뽕이냐? 불금에 친구들과 한잔할 것인가, 도서관에서 책을 읽을 것인가? 두 가지를 동시에 할 수 없는 상황에서 한 가지를 포기할 때, 포기한 한 가지가 기회비용이다. 나중에 따져봤더니 내가 포기한 것이 더 나아졌다면 반성하고 공부해서 다음번에 잘 선택하면 된다.

"내 월급의 70%를 S&P500을 추종하는 ETF에 투자한다." 이런 계획도 중요하지만 더 중요한 것은 "내가 쓰는 자투리 돈 중에 쓰지 않아도 되는 돈 1만 원, 2만 원을 아껴서 ETF 한 주를 산다." 이런 계획이

훨씬 중요하다. 내 월급의 70%는 있는 돈에서 떼어내는 것이고, 자투리 돈 중 아낀 것은 써버려서 없어질 돈을 건져내는 것이기 때문이다. 이런 돈이 나중에 효자가 된다. 이런 습관이 반드시 몸에 배도록 훈련하자.

13. 스탠더드 앤드 푸어스/피치/무디스

스탠더드 앤드 푸어스(S&P), 피치(Fitch Ratings), 무디스(Moody's)는 3대 신용평가 회사다. 이들을 왜 알아야 하냐면 이런 신용평가 회사들이 예측하는 신용도에 따라 주가가 마구 움직이기 때문이다. 또 이들이 평가한 신용도를 보고 투자할 곳을 정할 수 있기 때문이다.

나는 현재 S&P500을 추종하는 인덱스 펀드에 투자하는 중이다. 무디스가 발표한 내용 중에 "한국의 부동산 자산 가격의 거품이 크게 우려되지 않는다"를 보며 자신의 부동산 투자 전략을 세울 수도 있다. 피치는 2025년 2월 한국의 국가신용등급을 'AA-'로 유지하고 신용등급 전망도 '안정적(stable)'으로 유지함으로써 한국경제에 대한 신뢰를 재확인했다.

이렇게 신용평가 회사들은 등급을 매기고 그 이유를 자세하게 분석해서 발표한다. 그 자료들을 바탕으로 스스로 분석하고 판단하는 힘을 길러야 한다. 인간은 확실한 기준이 있을 때 미래를 예측할 수 있다. 세계 3대 신용평가 회사에 관심을 가져야 하는 이유다.

14. 보호무역주의

자국의 기업이 국가 간 경쟁력이 생길 때까지 국가가 보호해주는 것이다. 보호무역주의(保護貿易主義)를 공부하면서 반드시 알아야 할 것이 '중국'의 역할과 위치다.  우리가 부자가 되기 위해서 중국을 반드시 알아야 한다. 중국 내 정치·경제 상황과 중국 - 미국의 관계, 중국 - 유럽의 관계를 읽을 수 있어야 부자들의 언어를 읽을 수 있다. 자국의 기업을 보호하는 정책은 거꾸로 상대 국가에는 불이익을 주는 것이다. 결국 나라 간의 힘겨룸이고 눈치 싸움이다. 이 힘의 균형이 어느 쪽으로 움직이는지 읽어낼 수 있어야 한다.

최근(2025년 3월) 도널드 트럼프 대통령이 미국 내 제조업 보호 및 무역적자 해소를 이유로 중국 및 주요 무역국에 대한 관세를 대폭 인상했다. 이러한 보호무역 정책은 수출 중심의 경제 구조를 가지고 있는 한국 경제에 직접적인 영향을 미친다. 특히 미국과 중국 간의 무역 긴장이 고조될 경우 산업 전반에 걸쳐 타격을 받을 수 있다. 먼 나라의 얘기처럼 알고 있으면 큰코다친다. 국가 간의 관계가 나의 사업, 나의 투자에 직접적인 영향을 미친다. 멀리서 들려오는 부자들의 언어를 들을 수 있는 귀를 가져야 한다.

15. 부가가치

'부가가치(附加價値)'란 생산 과정에서 덧붙이는 가치다. 1,000원짜리 생선을 사다가 요리해서 6,000원에 팔면 5,000원의 부가가치를 만들어낸 것이다.

고부가가치(高附加價値) 산업을 찾아봤더니 먼저 '관광 산업'이 나온다. 관광은 원재료가 이미 준비돼 있기 때문이다. 생선은 1,000원을 주고 사야 하지만 경치는 돈을 주고 살 필요가 없다. 지구가 만들어질 때부터 이미 존재하기 때문이다. 그리고 '곤충 산업'도 고부가가치 산업이라고 소개된다. 곤충을 키우기 위해서 필요한 경비가 가축을 키우는 것보다는 훨씬 저렴하다. 심지어 밀웜(mealworm)은 뱃속에 플라스틱 분해효소가 있어서 스티로폼을 먹어도 살 수 있다. 게다가 곤충이 가진 영양소나 맛이 훌륭하기 때문에 고부가가치 산업이라 한다. 기사를 찾아보면 중국에 한 소년이 바퀴벌레만 키워서 한 달에 500만 원 이상의 수익을 꾸준하게 올리는 사례도 있다.

부가가치를 공부해야 하는 이유는 '나만의 부가가치'를 만들 수 있는 분야를 찾을 수 있기 때문이다. 돈을 벌려고 접근하지 말고 내가 만들어낼 수 있는 가치가 무엇이 있는지 먼저 고민해야 한다. 가치를 만들면 돈은 저절로 따라온다. 내가 타인을 위해서, 지구를 위해서 만들 수 있는 가치가 뭐가 있을까? 모든 존재는 저마다의 가치가 있다. 그 가치를 찾으면 된다. 그래서 모든 철학의 끝이 '나는 누구인가?'로 귀결되는 것이다.

당신은 어떤 가치를 만들고 있고 어떤 가치를 만들 수 있는가? 나는 건강하고 맛있는 메밀국수를 만들고, 사람들을 이롭게 하는 글을 쓰고, 강의를 하는 가치를 만들 수 있다. 또 사람들에게 웃음을 줄 수 있는 연기를 할 수 있다. 당신도 적어보라. 할 수 있는 모든 것을 적어 보라. 줄넘기, 종이접기도 좋다. 자신의 가치를 찾아내는 계기로 삼자.

16. 빅맥지수

전 세계 120개국에 맥도날드가 있고 나라마다 빅맥의 가격이 다르다. 때문에 물가 수준, 환율 등을 서로 비교할 수 있는 잣대로 활용 가능하다. 요즘은 '스타벅스지수' '이케아지수' '아이팟지수'는 물론, 최근에 맥도날드에 생긴 'bts세트지수' 같은 것이 등장했다. '빅맥지수(BigMac指數)'로 봤을 때 우리나라 원화가 저평가되어 있음을 알 수 있다. 원화가 저평가됐다면 수출 위주 기업과 수입 위주 기업 중 누가 유리하고 불리한지 여

러분 스스로 판단할 수 있어야 한다. 달러와 원화의 관계가 오르고 내렸을 때 어떤 일들이 일어나는지 공부하고 판단하는 습관을 가져야 한다.

그렇다면 빅맥은 어느 나라가 가장 비쌀까? 2025년 1월 「이코노미스트」가 발표한 기준에 따르면, 빅맥의 전 세계 평균 가격은 5.15달러이며, 1위가 스위스 6.71달러, 2위가 노르웨이 6.09달러, 3위가 우루과이 6.08달러이며, 한국은 78개국 중 56등으로 4.10달러다.

17. 공급탄력성/수요탄력성

한마디로 '가격'과 관련된 말이다. 수요와 공급에 따라 가격이 변한다는 것이다. 공급이 원활하면 가격이 안정적이다. 왜냐하면 많이 있으니까. 그런데 공급  되는 양이 불안정하면 가격이 오른다. 왜냐하면 없으니까. 2021년 말에 우리나라에서 '요소수 대란'이 일어났다. 부르는 게 값이었다. 왜냐하면 요소수가 없으니까. 마스크에 대한 수요와 공급은 본래 탄력적이었는데, 코로나가 오면서 엄청나게 비탄력적으로 변했다가 코로나가 끝나가는 지금은 다시 탄력적으로 변했다.

어떤 상품의 공급 능력에 따라서 가격이 어떻게 달라지는가를 측정하려고 만든 것이 '공급탄력성(供給彈力性)'이다. 자신의 사업에 필요한 원자재가 공급이 원활하면 '탄력적'이고 원활하지 않으면 '비탄력적'이라고 말한다. 지금 내가 운영하는 식당에 필요한 노동력은 비탄력적이다. 식당에서 일하려는 사람이 없다. 비탄력적이면 인건비가 올라간다. 왜냐하면 일할 사람이 없기 때문이다. 아파트는 비탄력적이다. 아파트를 금방금방 만들어낼 수 없기 때문이다. 그래서 비싸다. 붕어빵은 탄력적이다. 붕어빵은 금방금방 찍어낼 수 있다. 그래서 가격이 싸다.

비싼 게 좋고 싼 게 나쁘다는 말이 아니다. 공급의 탄력성에 따라서 가격이 결정된다는 말이다. 자신이 투자하는 회사에서 취급하는 상품이, 그 회사가 취급하는 원자재가 탄력적인지 비탄력적인지 판단해야 한다. 비탄력적이라면 전쟁이나 기후변화 같은 큰 이슈에 따라서 그 회사의 흥망성쇠가 결정되기 때문이다.

'수요탄력성(需要彈力性)'은 경제 수요량이 소비자의 소득이나 가격 변화로 어느 정도 변화하는가를 나타내는 지표다. 일반적으로는 가격이 올라가면 덜 사게 되고 가격이 내려가면 많이 사게 된다. 근데 이 흐름을 타지 않는 상품이 있다. 생필품이 대표적이다. 우리가 매일 먹고 마실 수밖에 없는 생필품은 가격이 올라도 살 수밖에 없다. 생필품의 수요탄력성은 '비탄력적이다'라고 표현한다. 변하지 않는다는 뜻이다. 반대로 없어도 되는 것, 예를 들어 취미 용품인 낚싯대는 가격이 엄청 오르면 안 사면 그만이다. 낚싯대가 없다고 죽지는 않는다. 낚싯대의 수요탄력성은 '탄력적이다'라고 표현한다. 가격의 변화에 따라서 소비량이 크게 움직인다는 뜻이다.

18. 연방준비제도 / 연방준비은행

연방준비은행(FRB, Federal Reserve Banks)은 미국의 중앙은행이다. 세계에서 가장 힘이 센 곳이다. 왜냐면 기축통화인 '달러($)'를 발행하고 세계 금리를 움직  이고 통화량을 조절하기 때문이다. 세상 모든 돈의 흐름을 움직일 수 있는 힘을 가진 것이다.

우리가 연방준비제도(FRS, Federal Reserve System)를 공부하는 이유는 연방준비제도의 정책에 따라 세계 증시가 오르고 내리기 때문이다. 부자들의 언어를 읽기 위해서 반드시 연방준비제도의 발표에 매일 귀를 기울이고 있어야 한다.

투자자들은 연방준비제도의 의장이 어떤 성향이고 추구하는 철학이 어느 방향인지 예의주시한다. 연방준비제도에서 1년에 8번 정책 발표를 하는데 '연방 공개 시장 위원회(FOMC)'라 한다. 우리는 이 발표를 반드시 누구보다 빠르게 확인하고 예측할 수 있어야 한다. 지금 당장 검색해보라. 발표 일정도 나와 있다.

보이지 않는, 발표되지 않은 정보를 읽는 힘이 부자들의 내공이다. 하나씩 공부하다보면 저절로 이런 힘이 생긴다. 급하게 생각하지 마라. 겨우 하루 운동한다고 근육이 불끈 생기지 않는 것처럼 천천히, 하지만 꾸준히 하다보면 저절로 돈의 흐름을 감지하는 능력이 생길 것이다.

▪ 응용편

부자들의 언어 응용편을 이해하면 세상의 흐름을 볼 수 있다. '세상은 얼마나 좁으며 네모난 책은 얼마나 넓은가'를 알 수 있는 언어들이다. 원리를 알면 공간적으로도, 시간적으로도 저 멀리 가보지 않아도 예측할 수 있다. 돈이 흘러가는 궤도를 알기 위해 부자들의 언어 응용편을 꼼꼼하게 공부하자.

1. 단기금융시장/콜금리/양도성예금증서

'단기금융시장(短期金融市場)'은 1년 미만의 금융 상품을 거래하는 시장이다. 혹시 이런 단어들을 들어보지 않았는가? 콜금리, 양도성예금증서.

'콜금리(Call金利)'는 하루짜리 거래라고 보면 된다. 아침에 빌려서 저녁에 갚는다. 증권사나 기업들 간 거래 시 주로 발생하는데, 콜금리가 얼마냐에 따라 실물경제에 영향을 준다.

'양도성예금증서(CD, Certificate of Deposit)'는 91일짜리 만기가 많은 예금 상품인데 그야말로 양도할 수 있다는 것이다. 만기가 되기 전에 다른 사람에게 팔 수 있는 예금 상품이다. 예를 들어 1년 만기 천만 원짜리 예금증서를 900만 원에 샀다가 만기가 되면 천만 원을 받게 되는데, 그 전에 급하게 돈이 필요하면 이 예금증서를 팔 수 있다. 팔 때는 당연히 900만 원에 이자를 붙여서 파는데 이때 따지는 금리를 'CD금리'라고 하며 대출 및 파생 상품을 발행할 때 기준금리로 활용을 많이 한다. 양도성예금증서는 누구나 가입할 수 있고 계약 기간은 30일 이상에서 3년 미만이 보통이다. 가입 금액은 천만 원짜리 이상이 대부분이다.

이 외에 '기업어음(CP, Commercial Paper)'과 '환매조건부채권(RP, Repurchase Agreements)'이 있다. 기업어음은 기업에서 발행한 어음인데 이 역시 만기가 되기 전에 다른 사람에게 팔 수 있는 상품이다. 환매조건부채권은 "내 채권을 너에게 팔지만 꼭 다시 나에게 돼 팔아야 돼"라고 하는 조건이 붙어 있는 채권이다. 급하게 자금이 필요해서 빌리지만 채권을 다시 회수하겠다는 단기 금융 상품이다.

이런 단기 금융 상품의 금리는 중앙은행에서 기준금리를 조정할 때 영향을 미치기 때문에 우리가 반드시 알아야 한다. 기준금리의 변화에 따라 투자시장이 요동치기 때문이다.

2. 상장지수펀드

'상장지수펀드(ETF, Exchange Traded Fund)'는 인덱스 펀드를 거래소에 상장시켜 투자자들이 주식처럼 편리하게 거래할 수 있도록 만든 상품이다.

부자들의 언어에서 내가 가장 좋아하는 단어다. 주
식처럼 상장되어 있고 추종하는 지수에 따라 수익률
이 오르내리는 펀드다. 주식처럼 거래소에서 실시간으로 거래할 수 있
어 편리하며, 가장 큰 특징은 한 번의 거래로 여러 종목에 분산 투자할
수 있다는 점이다.

상장지수펀드를 알기 위해서 '인덱스 펀드(Index Fund)'를 먼저 알
아야 한다. 인덱스(index)의 뜻은 지수, 색인이다. 그야말로 투자 설정
을 해놓은 종목들의 지수 변화에 따라 수익률이 결정된다. 인덱스 펀
드는 펀드이기 때문에 만기 날짜가 되어야 수익이 결정되는데 이 인
덱스 펀드를 사고팔아서 바로 수익이 결정될 수 있도록 상장시켜놓은
것이 상장지수펀드다. 상장지수펀드의 최대 장점 중 하나는 수수료가
일반 주식거래보다 훨씬 싸다는 것이다.

워런 버핏이 말했다. "내가 죽으면 기부하고 남은 돈의 90%는
S&P500 지수를 추종하는 인덱스 펀드에 투자하고, 나머지 10%는 국
채를 매입하라."

S&P500은 세계 3대 신용평가기관 중 하나인 '스탠더드 앤드 푸어
스'가 우량기업 500개를 선정한 것이다. 미국의 1등 기업부터 500등
기업까지라고 생각하면 된다. 그만큼 안정적이다. 국채는 나라에서 발

행하는 채권이다. 나라에서 발행하고 나라가 보증하는 채권이니 만큼 안전하다는 뜻이다. 안전하면 수익률은 낮다. 워런 버핏의 말은 오랜 기간을 설정해두고 낮은 수익률이지만 최대한 안전하게 투자하겠다는 뜻이다.

나는 최소 10년에서 20년 후를 보고 상장지수펀드에 투자하고 있다. 단순하게 생각하면 어렵지 않다. 투자가 복잡해지는 까닭은 짧은 시간에 많은 수익을 얻고자 하기에 그렇다.

명심할 것은 수수료다. 우리가 모르게 빠져나가는 수수료에 대해서 반드시 공부해야 한다. 그리고 모든 투자는 항상 리스크(risk)가 존재한다. 해외 ETF에 투자할 때 환율 변동에 따른 위험 등을 반드시 고려하고 공부해야 한다. ETF와 관련된 책을 한 권 이상 꼭 읽어보기 바란다.

3. 어음관리계좌

'어음관리계좌(CMA, Cash Management Account)'는 내 현금을 계좌를 통해서 관리해주겠다는 뜻이다. 내 현금을 넣어두면 채권, 펀드 등에 투자해서 수익을 늘려주는 단기 투자 상품이다. 예금이 아니고 투자 상품이다. 종류에는 RP, MMF 등이 있는데 RP는 채권이고, MMF는 펀드다. CMA의 평균

수익률은 1% 정도 된다. 주로 180일 이내의 가입 기간을 가진 단기 투자 상품으로 입출금이 자유롭기 때문에 많은 사람들이 비상금 통장으로 이용하기도 한다. 결제 및 이체가 가능하기 때문에 월급통장으로 사용하며 체크카드와 연동도 가능하다. 단점은 예금자보호법의 보호를 받을 수 없다는 것. 보호를 받을 수 없으면 위험하지 않느냐고 생각하겠지만, 주로 안전한 국공채에 투자하기 때문에 안전하다는 평가를 받고 있다.

4. 레버리지 효과

레버리지(Leverage)를 우리말로 번역하면 lever는 지렛대, 즉 지렛대의 힘이다. 한마디로 빚을 이용한 투자를 말한다. 레버리지는 부자들의 언어 중에서도 굉장히 중요한 개념이다. "레버리지를 이용하라"는 말을 들어봤을 것이다. 타인의 돈을 지렛대로 이용하여 내 돈을 늘리는 것을 의미한다.

예를 들어 1억 원으로 집을 한 채 살 수 있다고 가정해보자. 레버리지를 활용해 보증금 5,000만 원 전세를 끼면 집을 두 채 살 수 있다. 또 메밀국수 식당 하나를 운영하는 데 1억 원이 들어간다면 대출을 받아서 두 개를 운영하고 수익률이 이자보다 높다면 당연히 레버리지를 이용하는 게 좋다.

레버리지의 방법은 은행 대출, 전세를 낀 부동산 구매, 투자 받기 등 다양하다. 레버리지에는 꼭 돈만 있는 게 아니다. 다른 사람의 힘을 레버리지로 이용할 수 있고, 국가의 제도나 정책을 이용할 수 있다. 내 주변에도 자기 돈은 한 푼도 들이지 않고 레버리지를 이용해 사업을 하고 투자를 하는 사람들이 많다.

혼자 힘으로 단순히 벌어서 회사를 만드는 데 10년이 걸린다면 레버리지를 이용하면 1년이면 가능할 수 있다. 빚을 두려워하지 마라. 공부하면 두려움이 사라진다. 반드시 공부하고 레버리지를 활용해야 한다. 공부가 선행되지 않으면 영혼까지 끌어모아 투자해도 결과는 비참할 뿐이다. 부자들의 언어를 계속 익히고 몸이 저절로 반응할 때까지 반복하고 또 반복하자.

5. 금본위제

'금본위제(金本位制)'는 화폐를 찍어낼 때 똑같은 가치의 금을 저장해두는 것이다. 예를 들어 금 1온스를 저장하고 35달러를 찍는 것이다. 금본위제가 지켜  질 때는 달러를 가져가면 금으로 바로 교환해줬다. 하지만 1971년 미국의 닉슨 대통령이 더 이상 달러를 금으로 바꿔주지 않겠다며 금본위제를 폐지했고 지금까지 이어지고 있다.

그럼에도 금본위제를 알아야 하는 이유는 '금(金)'에 대한 투자를 생각해볼 수 있기 때문이다. 전쟁이 나면 부자들은 자기 재산을 금으로 바꾼다. 그만큼 최악의 상황에서도 가치를 인정받는 것이 금이다. 그래서 금에 대한 투자는 반드시 포트폴리오에 들어가 있어야 한다. 모든 것이 휴지 조각이 되어도 마지막까지 가치를 인정받을 수 있기 때문이다.

금에 투자하는 방법은 여러 가지가 있다. 직접 금을 사서 모아도 되고 금에 투자하는 ETF에 투자해도 된다. 다양한 방법이 있으니 스스로 공부하고 작은 금이라도 반드시 구입해보라. 구입해본 사람과 안 해본 사람의 차이는 이제 여러분이 더 잘 알 것이다.

6. 대외의존도

'대외의존도(對外依存度)'는 경제활동에 있어서 외국에 의존할 수밖에 없는 정책, 항목, 물품에 대한 얘기다. 2021년 우리나라에 '요소수 대란'이 일어났었  다. 국내에 생산 시설이 거의 없이 수입에만 의존하다가 수입이 막히니 요소수 가격이 엄청나게 올라갔다. 대외의존도가 높으면 이렇게 가격에 바로 영향을 받을 수밖에 없다. 우리나라는 다른 나라에 비해 대외의존도가 비교적 높은 편이다. 석유나 천연가스 등 기본적인 에너지를 수입에 의존할 수밖에 없기에 더욱 그렇다. 대외의존도를 공부하는 이유는 우리가 투자하는 회사의 대외의존도를 반드시 알아야 하기 때문이다. 그 회사가 취급하는 원재료의 대외의존도가 높다면 그만큼 안정적이지 않다는 뜻이기 때문에 투자할 때 주의를 기울여야 한다.

7. 주가수익률

'주가수익률(PER, Price Earning Ratio)'이란 1주당 (price) 얼마를 버는가(earning)에 대한 비율(ratio)이  다. 예를 들어 한 회사가 1년에 벌어들이는 수익이 있는데 이걸 1주당 얼마씩 버는지 계산해보자는 거다. 주가가 1만 원인 회사가 1주당 1천 원을 벌었다면 10,000÷1,000 = 10%로 PER이 10이다. 이 PER은 낮을수록 좋다. 위의 회사가 1주당 2,000원을 벌면 10,000을 2,000로 나누어 PER이 5가 되니까. 그렇다면 1주당 5,000원을 벌면 PER이 얼마겠는가? 맞다. 2가 된다.

실제 1992년에 외국인 투자자들이 PER만 보고 우리나라 주식에 엄청난 투자를 했었다. 하지만 PER만 보고 투자하면 안 된다. 신생 기업들은 초기 투자금이 크기 때문에 흑자를 많이 낼 수 없는 구조이기 때문이다. 이런 기업의 PER이 말도 안 되게 높은데, 그럼에도 불구하고 미래 성장성을 예측하고 투자한 사람들이 많은 돈을 벌었고 부자가 됐다.

PER만 보고 기업을 단순하게 평가해서는 안 되는 또 하나의 이유는, 업종별로 성장성이 다르다는 것이다. 바이오 회사인 셀트리온의 PER을 식품 회사인 롯데제과의 PER과 단순 수치만 비교해 보고 평가하면 안 된다. 이럴 땐 업종별 PER을 참고하여 각각의 기업 가치를 판단할 수 있어야 한다. 이런 개념을 알고 하는 사람과 모르고 하는 사람은 장기적으로 봤을 때 큰 차이가 나는 것은 당연지사다.

8. 대체재

'대체재(代替財)'란 대신할 수 있는 재화다. 비슷한 목적을 얻을 수 있는 재화나 서비스를 말한다. 예컨대 커피 가격이 오르면 차를 많이 마시고, 쌀이 비싸지면  밀가루를 많이 찾게 된다. 그런데 대체재가 딱 하나만 있는 것은 아니기 때문에 예측할 수 있는 힘이 필요하다. 예를 들어 삼겹살 가격이 오르면 사람들이 닭고기 쪽으로 이동할 건지, 쇠고기 쪽으로 이동할 건지 예측하는 힘이 있어야 한다.

할 수만 있다면 경쟁하지 말고 '독점'하는 게 좋다. 내가 투자하는 기업이 대체 불가한 상품을 판다면 그 투자는 안정적인 투자다. 여러분이 직접 사업을 시작한다면 누군가가 여러분을 대체할 수 없도록 독점할 수 있는 방법부터 먼저 고민하고, 그 후 경쟁을 생각해야 한다. "경쟁하지 말고 독점하라." 그래서 특허나 저작권 같은 게 중요하다. 특허청과 변리사와 친하게 지내야 한다.

9. 매몰비용

'매몰비용(埋沒費用)'은 돈이 매몰되어서 사라졌다는 뜻이다. 이미 지급되어서 다시 회수할 수 없는 비용을 말한다. 우리가 매몰비용을 공부하면서 알아야 할  것은 '멈춰야 할 때'다. 주식 투자는 사는 것도 잘해야 하지만 파는 것을 더 잘해야 한다. 하락장에서도 팔 수 있는 때를 알아야 한다. 사업을 하면서 "지금까지 들어간 돈이 얼만데…"라며 안 되는 일에 계속 돈을 쏟아부으면 안 된다.

매몰비용에 항상 따라다니는 대표적인 사례가 콩코드 여객기다. 많은 연료 소모, 비싼 요금, 이착륙 시 소음 등으로 사업 전망이 밝지 않았는데, 투자자들은 안 될 줄 알면서도 그동안 투자한 돈이 아까워 계속 사업을 진행하다 콩코드 운행이 중단되며 큰돈을 날렸다. 그래서 이런 경우를 '콩코드 효과(Concorde Effect)'라고 부른다. 사람과의 관계도 그렇다. 결혼을 결심할 때 오래 연애했다고 해서 그 세월이 아까워 결혼하면 안 된다. 아무리 오래 만났어도 '이 사람과는 아니구나'라는 판단이 든다면 절대 결혼해서는 안 된다.

　매몰비용을 마케팅에 이용하는 사례는 이렇다. 백화점 문화센터에서 무료 강좌를 열면 사람들이 신청해놓고 당일에 안 오는 경우가 많이 생긴다. 이때 딱 1천 원이라도 돈을 받고 진행하면 무료로 진행할 때보다는 '노쇼(no-show)'가 덜 생긴다. 왜냐하면 내가 낸 '1천 원'이 매몰비용이 되면 아깝다는 생각이 들기 때문이다. 금액의 크기가 문제가 아니라 내가 돈을 냈다는 사실이 중요하다.

　"아무도 자기 돈을 나눠주려 하지 않으면서 얼마나 많은 사람들에게 자기 인생을 나눠주고 있는가요? 사람들은 재산을 지킬 때에는 인색하면서도 시간을 낭비하는 일에는 너그럽지요." 세네카의 말이다.

10. 뱅크런

　'뱅크런(Bank-run)'을 공부하는 이유는 하나다. 세상에 공짜는 없고 단기간에 엄청난 수익을 보장하는 투자도 없다는 사실을 알기 위해서다. 뱅크런은 말 그대로 은행(bank)으로 달려간다(run)는 뜻이다. 왜 달려가는가? 은행에 저축한 내 돈을 찾으러 간다. 왜 급하게 찾는가? 은행이 내 돈을 못 돌려줄 거 같으니까. 은행 경영이 부실해져 고객에게 돈을 돌려주지 못하는 경우가 있다. 이러한 경우 '예금자보호법'은 금융회사별로 예

금자 1인당 원금과 이자를 합해 5천만 원까지는 원금을 보장해준다. (2001년부터 줄곧 최고 5천만 원이었으나 24년 만인 2025년 9월에 1억 원으로 상향 조정될 예정이다.)

뱅크런은 언제 일어날까? 집값이 갑자기 급락할 때 대출을 받아 집을 산 사람들은 집을 팔아도 대출금을 다 갚지 못하는 경우가 생긴다. 이럴 때 뱅크런이 생길 수 있다. 우리나라에서는 2021년 4월 시티은행에서 뱅크런이 발생했다. 또한 은행은 아니지만 모바일 할인 앱 머지포인트에 가입해서 미리 돈을 넣어둔 사람들이 2021년에 '머지포인트 사태'가 발생하자 본사로 달려가 환불을 요청했던 것 역시 일종의 뱅크런이라 볼 수 있다.

상식적으로 말이 안 되는 수준의 수익을 준다고 하면 절대 믿으면 안 된다. 세상에 공짜는 절대 없다. 그런 수익률을 쫓아서도 안 된다. 그 사실을 알아야 한다.

11. 베블런 효과

비쌀수록 잘 팔린다. 이게 바로 '베블런 효과(Veblen Effect)'다. 인간은 허영심과 과시욕을 가진 존재이기 때문이다.

베블런 효과를 항상 따라다니는 것이 캄보디아 앙코르와트 사원의 옥 장수 이야기다. 옥 장수가 똑같은 옥을 하나는 100달러라고 표기하고 다른 하나는 800달러라고 표기한다. 직원이 "똑같은 옥인데 가격 차이가 이렇게 나면 당연히 100달러짜리만 팔리는 거 아닌가요?"라고 묻자 옥 장수가 미소만 지었다. 드디어 외국 관광객들이 몰려왔고, 분명 똑같은 옥인데 다들 800달러짜리 옥을 들고 이게 훨씬 아름답고 좋다며 800달러짜리 옥만 구매했다는 얘기다.

코로나 시대 같은 불경기에도 최상위층을 타깃으로 삼은 시장은 불티나게 팔렸다. 어떤 불경기 시절이 와도 극과 극의 시장은 항상 구매력이 높다. 가장 비싼 고급 상품과 가장 싸면서 가성비 좋은 시장은 늘 호황이다. 당신이 직접 사업을 하거나 투자를 할 때 이 시장을 항상 염두에 두어야 한다.

2022년에 강남구 청담동에 위치한 고급 주택단지가 분양가 350억 원에 '완판'되었다는 기사를 봤다. 전문가들은 "특히 한국은 베블런 효과가 통하는 나라다"라는 분석을 내놓았다. 사람들의 성향이 다양하고 서로 다른 것 같지만 공통되게 움직이는 행동 양식이 반드시 있다. 인문학을 공부하는 이유가 인간이 그려온 무늬를 공부함으로써 앞으로 인간이 그려갈 무늬를 알아내고자 함이다. 어떤 상품을 만들어 세상에 내놓았을 때 사람들이 열광하는지 미리 안다면 세상의 돈은 모두 당신 것이 된다.

12. 부채비율

빚에 대한 얘기다. '부채비율(負債比率)'은 부채를 자기자본으로 나눈 비율이다. 적당한 부채의 비율은 내 자본의 두 배라고 생각하면 된다. 만약 자신의 자본이 1억 원이라면 2억 원까지 돈을 빌려서 레버리지(지렛대 효과)로 이용하는 것이다. 두 배가 넘어가면 이자의 부담이 너무 커진다. 하지만 이 역시 절대적이지는 않다. 내가 많은 이자를 내고도 그 이상의 수익을 올릴 수 있다면 레버리지로 활용하면 된다. 스스로 계산하고 판단할 수 있어야 한다.

우리가 투자하는 기업의 부채비율도 반드시 확인해야 한다. 우리나라는 부채비율이 세계에서 가장 높고 증가 속도도 빠르다. 코로나 시절에 영혼까지 끌어 모아서 '빚투(빚을 내어 투자)'를 한 사람들은 지금 금리가 크게 올라 이자 부담이 엄청날 것이다.

부자들은 빚을 아주 잘 활용한다. 딱 빌릴 만큼 빌려 투자해서 수익을 얻고 이자는 비용처리가 되니까 세금 혜택을 받아서 또 수익을 얻는다. 이 개념을 정확하게 이해한 뒤, 자신에게 맞는 좋은 빚은 어느 정도이고 어떤 종류가 있고 어떻게 활용할 수 있는지 지금 당장 계산해보라. 당신은 지금 은행에서 얼마를 빌릴 수 있는가? 당신의 신용점수는 몇 점인가? 앞으로 신용도를 높이기 위해 어떤 노력을 할 것인가? 레버리지를 잘 활용하려면 이런 준비를 미리미리 해둬야 한다.

13. 양적완화

'양적완화(量的緩和)'란 돈을 많이(양적) 풀어주겠
다(완화)는 정책이다. 2007~2008년 세계 글로벌 금융
위기 때 연 2.5%였던 미국 기준금리를 0%대로 떨어
뜨려 돈을 풀었는데도 경기가 살아나지 않자 미국의 중앙은행인 연방
준비제도에서 시중은행의 채권을 사들이며 돈을 더 풀었다. 이때 연방
준비제도의 수장이 벤 버냉키였는데 "경기만 살아날 수 있다면 헬리
콥터로 돈을 뿌리겠다"라는 말까지 했다.

돈을 시중에 푸는 이유는 소비를 촉진하여 기업의 생산성을 이끌
고, 생산성이 높아지면 기업이 투자를 더 많이 하게 되고, 일자리도 늘
어나 다시 소비자에게 공급하는 선순환을 만들기 위함이다. 코로나19
로 인해 경기가 침체되자 미국과 유럽은 2020년 3월 무제한 양적완화
를 시행하겠다고 발표했다.

단점도 있다. 양적완화의 단점은 돈이 많이 풀리면서 물가가 상승
해 인플레이션이 일어날 수 있다는 것과 저렴한 금리로 인해 마구 돈
을 빌리고 갚지 못하는 일들이 발생한다는 것이다.

양적완화로 돈을 풀면 반드시 거둬들여야 하는데 이를 양적긴축

이라 한다. 이 흐름을 잘 읽을 수 있어야 한다. 양적완화 때는 어떤 일들이 생기고 양적긴축일 때는 어떤 현상이 발생하는지 알아야 투자할 곳을 정확하게 찾을 수 있다.

돈의 흐름은 어떤 주기를 가지고 오르고 내리고를 반복하는데, 단기간의 흐름은 예측하기 어렵지만 거대한 흐름은 일정한 패턴을 보인다. 변하면서도 변하지 않는 돈의 흐름을 느낄 수 있어야 한다. 어느 파도에 올라 탈 것인지 확신할 수 있는 힘을 길러야 한다.

14. 모기지론/역모기지론

'모기지론(Mortgage Loan)'은 집이 없는 사람이 집을 구매할 때 그 집을 담보로 대출을 받아 갚아나가는 상품이다. 반대로 '역모기지론(逆Mortgage Loan)'은 이미 주택을 소유하고 있는 사람이 그 주택을 담보로 연금 형태의 대출을 받아서 본인이 사망할 때까지 주거할 집도 해결하고 생활비도 해결하기 위한 정책이다. 본인이 사망하면 배우자 또는 가족에게 승계가 된다. 우리나라는 주택금융공사에서 발행하는 주택연금이 바로 역모기지론이다. 역모기지론을 받을 수 있는 자격은 이렇다.

1. 부부 중 한 명 이상이 만 55세 이상일 것

2. 주택 공시가격 총합이 12억 원 이하일 것
3. 담보가 주택법에 따른 주택일 것
4. 신청인 또는 배우자가 실제 전입하고 있을 것
5. 의사능력이 있을 것

나라에서 보증하는 것이기 때문에 그만큼 안전하다. '주택연금 압류방지 통장'이라고 최저 생계비 얼마까지는 어떤 일이 있어도 압류해 가지 못하는 장치도 있다. 이전에는 주택만 가능했는데 2021년부터 주거 목적 오피스텔도 역모기지론이 가능하다.

역모기지론의 월 수령액은 주택 가격과 대출 조건에 따라 다르지만 대략 다음과 같다.

65세: 약 80만 원 / 75세: 약 130만 원 / 85세: 약 180만 원

이런 언어를 아는 사람과 모르는 사람의 노후 준비는 완전히 다를 것이다. 역모기지론을 이용하고 싶다면 조건에 맞는 주택을 미리미리 준비하면 된다. 부자들의 언어를 읽을 수 있는 만큼 생활은 윤택해진다.

15. 전환사채

'전환사채(轉換社債)'는 말 그대로 전환될 수 있는 회사의 채권이

다. 'Convertible bond'의 줄임말로 CB라고도 한다.
지붕을 열 수도 있고 닫고 운행할 수도 있는 자동차를
'컨버터블'이라 부르듯 뭔가 다른 용도로 전환될 수 있
다는 뜻이다. 그렇다면 뭐가 전환되는가?

일단 전환사채는 채권이다. 채권은 기업에 돈을 빌려주고 이자를 받는 형태다. 그런데 그 기업이 주식시장에 상장하면 이 채권을 주식으로 전환할 수 있다는 얘기다. 당연히 이자보다 수익이 더 발생할 경우에 주식으로 전환할 수 있는 것이다. 전환하기 싫으면 그냥 계속 이자를 받으면 된다.

또한 사람들이 가장 좋아하는 장점인 '원금 보장'이 된다. 이렇게 장점이 큰 만큼 이자가 굉장히 싸다. 어떤 CB는 이자가 0%도 있다. 그럼 이걸 왜 할까? 기업의 장래성을 보고 투자하는 것이다. 전환사채를 가지고 있으면 남들보다 싼 가격에(미리 정한 가격) 주식으로 전환할 수 있기 때문이다. 만약 정해진 전환 가격보다 주가가 낮으면 주식으로 바꾸지 않고 이자를 계속 받으면 된다. 이자가 크진 않지만 원금이 보장되기 때문에 크게 손해를 보지는 않는다. 부자들의 언어를 읽는 능력을 가진 사람에게는 가장 추천하고 싶은 분야다.

16. 뮤추얼 펀드

'뮤추얼 펀드(Mutual Fund)'의 뮤추얼은 '둘 이상'이라는 뜻이다. '나 혼자 하기 힘드니까 같이 투자하자'라는 개념에서 만들어졌다. 개인으로 투자하는 것이  아니라 투자회사를 만들어서 나는 그 회사에 투자하고 운영은 전문 펀드 매니저가 한다. 보다 안정적인 투자를 위해서 만들어졌다. 짧은 기간에 수익을 내는 것보다는 적금 느낌으로 장기 투자를 많이 한다. 뮤추얼 펀드와 함께 따라다니는 개념이 인덱스 펀드다. 인덱스 펀드가 상장지수펀드(ETF)다.

모든 것에는 절대적인 것이 없듯 뮤추얼 펀드가 인덱스 펀드보다 수익률이 더 좋은 부분이 있고 반대의 경우도 있다. 보다 안정적인 투자를 위해서 뮤추얼 펀드와 인덱스 펀드에 투자하는데, 그 두 가지에도 수많은 종목이 있다. 그 종목들 중에서 노른자를 골라내야 한다. 하지만 이 두 가지의 공통점은 단기간에 수익을 내기보다는 오랜 시간 동안 꾸준하게 수익을 내겠다는 작전이라는 점이다. 최소 10년 이상의 기간을 두고 투자하는 안목이 필요한 분야다.

뮤추얼 펀드와 인덱스 펀드는 가장 많은 시간을 들여 공부해야 할 종목이다. 조급해하지 말고 평소에 자투리 돈을 만들어 꾸준하게 투자하고 10년 동안 절대 그 돈을 꺼내지 않는 습관을 들여야 한다. 나는 한번은 이런 적이 있었다. 엄청나게 힘든 하루를 보내고 집에 들어가기 전에 종종 들르는 동네 술집이 있다. 거기에 혼자 가더라도 5만 원 정도의 돈을 지출한다. 이날 그 술집에 가려는데 손님이 너무 많아서 그냥 편의점에 들러 '네 캔에 만 원 맥주'를 샀다. 집에서 맥주를 마시다가 문득 '아! 오늘 술집을 안 가서 어차피 사라질 4만 원이 살아있네? 이 돈으로 인덱스 펀드를 사야겠다!'라는 생각이 들었다. 바로 S&P500을 추종하는 인덱스 펀드 한 주에 15,000원짜리를 3주 샀다. 이 돈은 어차피 그날 사라질 돈이었기 때문에 평생 없어도 되는 돈이다. 이렇게 20년 이상 돈을 묻어놓는 것이다. 지금 눈에 보이는 명품보다 보이지 않는 인덱스 펀드 한 주가 나를 더 당당하게 만든다. 경험해 보라.

17. 시뇨리지

중앙은행에서 돈을 찍어낼 때 들어간 실제 비용 즉 종이값, 인쇄값, 인건비 등을 제외한 나머지 가치를 '시뇨리지(Seigniorage)'라 한다. 예를 들어 5만 원짜  리 한 장을 찍어내는 데 실제 비용이 5,000원 들었다면 시뇨리지는 45,000원이다. 미국의 달러는 기축통화이기 때문에 100달러를 찍어내면 실제 비용을 뺀 나머지 달러를 벌어들인 것과 같다. 이것이 기축통화의 힘이고 미국의 힘이다.

단순하게 생각하면 돈을 막 찍어내서 이익을 추구할 수 있을 것 같다. 물론 여러 부작용이 있기 때문에 그렇게 하지는 않지만, 우리나라 원화보다는 백만 배 유리한 게 사실이다. 이런 힘 때문에 중국이 위안화를 전 세계가 통용하는 기축통화로 만들려고 하는 것이다.

시뇨리지의 어원은 시뇨르(Seineur, 귀족, 영주라는 뜻)다. 금화를 만들 때 100% 금으로 만들어 금화의 가치와 실제 금의 가치가 같도록 만들었는데, 불순한 마음의 시뇨르가 금화에 금과 함께 불순물을 넣어 제작하고 그 차익을 몰래 챙겼다는 데서 시뇨리지라는 말이 생겨났다.

그렇다면 '비트코인' 같은 가상화폐의 시뇨리지는 누가 가지는가? 이런 막대한 시뇨리지는 어떻게 처리해야 좋겠는가? 책을 읽고 있는 당신이 고민해볼 차례다. 또한 우리가 가질 수 있는 시뇨리지는 어떤 것이 있겠는가? 우리가 돈을 찍어낼 수는 없지만 가치는 만들어낼 수 있다. 가치를 만들 때 발행하는 시뇨리지는 바로 당신 것이다.

18. 자기자본비율

'자기자본비율(自己資本比率)'은 총자산 대비 남에게 빌린 돈 말고 순수한 자기 자신의 돈이 얼마나 하는 얘기다. 통상적으로 기업은 50% 이상이면 건전하다

고 평가하고 은행은 8% 이상이면 건전하다고 평가한다. 2021년 은행 관련 기사를 찾아보면 '코로나에도 불구하고 은행들 15.65%로 자기자본비율이 오히려 늘었다'라고 나온다. 카카오뱅크가 19.98%, 시티은행이 19.26%, SC제일은행이 16.64%, 하나은행이 16.54% 등이다.

우리가 창업해서 자기 사업을 할 때 '자기자본비율을 얼마로 가져가느냐'를 반드시 계산할 수 있어야 한다. 이는 사람마다 다르다. 스스로 감당할 수 있는 빚이 있기 때문이다. 물론 자기자본비율을 100%로 해서 출발하고 싶은 마음이 들 것이다. 하지만 그렇게 하기에는 시간이 너무 오래 걸린다. '좋은 빚'을 이용하라. 내 자본과 좋은 빚을 활용해서 빠른 타이밍에 사업을 시작해야 한다. 모든 걸 다 갖추고 시작하겠다는 마음을 버려라. 스스로 감당할 수 있는 빚의 한도를 계산해 보라. 내가 얼마를 빌려서 사업을 시작했을 때 얼마 만에 갚을 수 있을까? 계산할 수 있어야 한다. '나는 얼마짜리인가?'를 끊임없이 물어야 하는 이유다.

이 책에서 언급한 고전

김정운, 윤광준, 『창조적 시선』, arte(아르테)
나폴레온 힐, 『나폴레온 힐 성공의 법칙』, 김정수 옮김, 중앙경제평론사
나폴레온 힐, 『생각하라 그리고 부자가 되어라』, 박지경 옮김, 넥스웍
넬슨 만델라, 『나 자신과의 대화』, 윤길순 옮김, 알에이치코리아
니코스 카잔차키스, 『그리스인 조르바』, 이윤기 옮김, 열린책들
니콜로 마키아벨리, 『군주론』, 김운찬 옮김, 현대지성
라이언 홀리데이, 『브레이브』, 조율리 옮김, 다산초당
랄프 왈도 에머슨, 『자기신뢰』, 이종인 옮김, 현대지성
레프 톨스토이, 『사람은 무엇으로 사는가』, 홍대화 옮김, 현대지성
루키우스 안나이우스 세네카, 『세네카의 행복론』, 정윤희 옮김, 메이트북스
루트비히 비트겐슈타인, 『초역 비트겐슈타인의 말』, 시라토리 하루히코 엮음, 박재현 옮김, 인벤션
리처드 도킨스, 『눈먼 시계공』, 이용철 옮김, 사이언스북스
리처드 도킨스, 『이기적 유전자』, 홍영남, 이상임 옮김, 을유문화사
마르쿠스 아우렐리우스, 『명상록』, 키와 블란츠 옮김, 다상
미겔 데 세르반테스 사아베드라, 『돈키호테 2』, 안영옥 옮김, 열린책들
미셸 몽테뉴, 『몽테뉴 수상록』, 손우성 옮김, 동서문화사
벤저민 그레이엄, 『현명한 투자자』, 이건 옮김, 국일증권경제연구소

벤저민 프랭클린, 『가난한 리처드의 달력』, 조민호 옮김, 우리네꿈

보리스 존슨, 『처칠 팩터』, 안기순 옮김, 지식향연

브렌든 버처드, 『백만장자 메신저』, 위선주 옮김, 리더스북

빌 브라이슨, 『바디』, 이한음 옮김, 까치

빔 호프, 『빔 호프 메소드』, 이혜경 옮김, 모비딕북스

사뮈엘 베케트, 『고도를 기다리며』, 오증자 옮김, 민음사

서정윤, 『홀로서기』, 연인(연인M&B)

세스 고딘, 『린치핀』, 윤영삼 옮김, 필름

아르투어 쇼펜하우어, 『의지와 표상으로서의 세계』, 홍성광 옮김, 을유문화사

알베르 카뮈, 『페스트』, 최윤주 옮김, 열린책들

앙투안 드 생텍쥐페리, 『어린 왕자』, 황현산 옮김, 열린책들

앨프레드 테니슨, 『이노크 아든』, 김지영 옮김, 브라운힐

야마구치 슈, 『철학은 어떻게 삶의 무기가 되는가』, 김윤경 옮김, 다산초당

엘버트 허버드, 『가르시아 장군에게 보내는 편지』, 박순규 옮김, 새로운제안

우석, 『부의 인문학』, 오픈마인드

월터 아이작슨, 『일론 머스크』, 안진환 옮김, 21세기북스

윌리엄 셰익스피어, 『햄릿』, 박우수 옮김, 열린책들

유시민, 『유시민의 경제학 카페』, 돌베개

이시카와 다쿠지, 『기적의 사과』, 이영미 옮김, 김영사

장 폴 사르트르, 『실존주의는 휴머니즘이다』, 방곤 옮김, 문예출판사

재레드 다이아몬드, 『대변동 : 위기, 선택, 변화』, 강주헌 옮김, 김영사

제러미 리프킨, 『소유의 종말』, 이희재 옮김, 민음사

제임스 아서 레이, 『조화로운 부』, 홍석윤 옮김, 라이온북스

조너선 스위프트, 『걸리버 여행기』, 이종인 옮김, 현대지성

조세희, 『난장이가 쏘아올린 작은 공』, 이성과힘

질 들뢰즈, 『차이와 반복』, 김상환 옮김, 민음사

찰리 멍거, 『가난한 찰리의 연감』, 피터 코프먼 엮음, 김태훈 옮김, 김영사

최진석, 『건너가는 자』, 쌤앤파커스

최진석, 『노자의 목소리로 듣는 도덕경』, 소나무

카를로 로벨리, 『나 없이는 존재하지 않는 세상』, 김정훈 옮김, 쌤앤파커스

카를로 로벨리, 『모든 순간의 물리학』, 김현주 옮김, 쌤앤파커스

카를로 로벨리, 『시간은 흐르지 않는다』, 이중원 옮김, 쌤앤파커스

칼 구스타프 융, 『칼 융 레드 북』, 김세영, 정명진 옮김, 부글북스

켄 윌버, 『무경계』, 김철수 옮김, 정신세계사

프랜시스 스콧 피츠제럴드, 『위대한 개츠비』, 한애경 옮김, 열린책들

프리초프 카프라, 『현대 물리학과 동양사상』, 김용정, 이성범 옮김, 범양사

프리츠 오르트만, 『곰스크로 가는 기차』, 안병률 옮김, 북인더갭

피터 드러커, 『경영의 실제』, 이재규 옮김, 한국경제신문사

하워드 가드너, 『열정과 기질』, 임재서 옮김, 북스넛

헤르만 헤세, 『데미안/지와 사랑/싯다르타』, 송영택 옮김, 동서문화사

홍대선, 『한국인의 탄생』, 메디치미디어

고전이 답했다
마땅히 가져야 할 부富에 대하여

초판 1쇄 발행 2025년 7월 2일
초판 12쇄 발행 2025년 10월 1일

지은이 고명환
펴낸이 최지연
편집 김민채
마케팅 김나영, 김하연, 김경민, 강지민
경영지원 강미연
디자인 표지 [★]규, 본문 수오

펴낸곳 라곰
출판신고 2018년 7월 11일 제 2018-000068호
주소 서울시 마포구 마포대로 49 성우빌딩 1106호
전화 02-6949-6014 팩스 02-6919-9058
이메일 book@lagombook.co.kr

ⓒ 고명환, 2025

ISBN 979-11-93939-31-4 03320

이 책은 저작권법에 따라 보호를 받는 저작물이므로 무단 전재와 무단 복제를 금지하며, 이 책의 전부 또는 일부를 이용하려면 반드시 저작권자와 (주)타인의취향(라곰)의 서면 동의를 받아야 합니다.

- 라곰은 (주)타인의취향의 임프린트입니다.
- 책값은 뒤표지에 있습니다.
- 잘못된 책은 구입하신 곳에서 바꾸어 드립니다.